Ich widme dieses Buch meiner Tochter Elisa und meinem Sohn Alexander. Auch meine Eltern und meine Schwester schließe ich ein. Zudem alle Leser, die sich in diesem Buch wiederfinden auf der Suche nach dem Sinn oder Unsinn des Lebens.

Florian Bugar

VERTRAUE DEINEM WEG

Meine Erkenntnisse auf dem Jakobsweg

Verlag: Tredition
ISBN: 978-3-7469-4269-8
ISBN: 978-3-7469-4271-1
Umschlaggestaltung: Florian Bugar
Fotos: Florian Bugar
Titelfoto: Alexander Ess
Layout: Florian Bugar

Inhaltsverzeichnis

VORWORT

„Ich habe mein ganzes Leben lang nur versucht, nach oben zu
kommen in der Gesellschaft, wo es legal und ehrlich zugeht. Aber
je höher ich aufsteige, umso verlogener und schlimmer wird alles."
(Al Pacino in „Der Pate – Teil III")

Ich hatte noch nie den Drang zum Schreiben verspürt. Weder
vor dem Camino noch zwei Monate danach. Ich hatte nichts mit-
zuteilen. Nicht, dass mein Leben bis jetzt langweilig verlaufen
war, nein, ich wusste einfach nicht, ob ich bereit war, irgendje-
mandem Bericht zu erstatten. Und vor allem in welcher Sprache
sollte das geschehen? Das war eine große Herausforderung. Meine persönlichen Erfahrungen, Erkenntnisse in einer Sprache, die
nicht meine Muttersprache war, auf Papier zu bringen. Ich denke
deutsch, das heißt, ich sollte deutsch schreiben. Ich hatte aber
meine Bedenken. Ich hatte noch nie einen Deutschkurs besucht
und da mein deutscher Wortschatz sehr begrenzt ist, würde ich
nicht alles verständlich beschreiben können.

Mein ganzes Leben lang war ich auf der Suche, hatte vieles ausprobiert, nie zufrieden, immer versucht, besser zu sein als andere, nach den Sternen greifend. Höher und höher wollte ich, kein
Ende in Sicht.

Nach 16 Jahren als Informatiker spürte ich, dass durch die
Globalisierung eine Weiterentwicklung unmöglich war und das
nicht mehr das Richtige war. Also kündigte ich meinen Job. Bis
zum Camino drehte sich in meinem Leben alles um Sicherheit,
physische Sicherheit, Zugriffskontrollsysteme, Telekommunika-
tions- und Netzwerksicherheit, Risk Management, Datensicher-
heit, Datenwiederherstellung, Kryptografie, IT-Forensik, ethi-

sches Hacking und Penetrationstests sowie realitätsbezogene Selbstverteidigung und Personenschutz. Ich gab mich nicht nur mit einem dieser Bereiche zufrieden. Ich wollte alle bis zur Perfektion beherrschen. Auffällig unauffällig, wenn möglich. Somit hatte ich das Profil eines Täters, laut forensischer Psychologie, und war keinesfalls ein Sicherheits-Freak.

Noch heute verfolgen mich einige Zwänge aus der Kindheit, die ich bisher nicht ablegen konnte. Im Buch werden sie immer wieder sichtbar …

„Der Weg ist das Ziel."
(Konfuzius)

01.
DIE URSPRÜNGLICHE IDEE –
DIE VORBEREITUNG

„Träume nicht dein Leben, lebe deinen Traum." (Unbekannt)

Als Jugendlicher träumte ich davon, die Sahara in Begleitung von Tuareg mit Lastkamelen von Mali nach Ägypten zu durchqueren. Vor 13 Jahren las ich Paulo Coelhos „Der Alchimist" und fühlte mich bestätigt, sah aber keine Möglichkeit, diese Reise zu machen. 5.500 km quer durch die Sahara, zu Fuß und per Kamel, wird noch ein Traum bleiben.

Meine Frau brachte mich auf die Idee, auf dem Jakobsweg zu pilgern und Coelhos „Der Magier" inspirierte mich dazu.

Ich wusste noch nicht viel über Pilger und Pilgerwege.

Diese Idee der Pilgerschaft verfolgte mich Jahre und ließ mich nicht mehr los.

Ich las, dass es im Mittelalter drei Hauptpilgerorte der Christenheit gab: Jerusalem, Rom und Santiago de Compostela. Der Pilgerweg nach Jerusalem: Hier zogen wohlhabende Pilger in der Regel den Weg über die Alpen nach Venedig, um von dort mit dem Schiff ins Heilige Land zu reisen.

Ärmere bevorzugten den Landweg über den Balkan und durch das Gebiet der heutigen Türkei.

Der Frankenweg (Via Francigena) ist die Weitwanderroute von Canterbury zum Grab des heiligen Petrus nach Rom. Es handelt sich um ein Wegesystem. Sämtliche Wege, die nach Rom führen, werden unter dem Namen Vie Francigene (Frankenwege) zusammengefasst.

Als Jakobsweg (spanisch Camino Santiago) wird der Pilgerweg von Saint-Jean-Pied-de-Port durch das Baskenland, Navarra, Rioja, Kastilien-León zum angeblichen Grab des Apostels Jakobus in Santiago de Compostela in Galicien (Spanien) bezeichnet.

Ich entschied mich für den Jakobsweg. Den letzten Anstoß und Impuls dazu gab mir Emilio Estevez' Film „The Way" mit Martin Sheen und Kathy Bates. Meine Frau und ich sahen ihn gemeinsam. Am Ende des Films eröffnete ich ihr, dass ich den Jakobsweg machen würde, nicht bis Santiago de Compostela, sondern bis ans „Ende der Welt", bis zum Kap Finisterre …

In der vorchristlichen Zeit des Jakobswegs galt das Kap Finisterre als das eigentliche Ziel (gallisch Cabo Fisterra, abgeleitet vom lat. finis terrae, „Ende der Welt").

Heute gehört der Camino a Fisterra nicht zu den Jakobswegen, weil er nicht Santiago de Compostela zum Ziel hat, wird jedoch in den Chroniken des 12. Jh. erwähnt und beschrieben.

Ich halte mich für sportlich (als Jugendlicher – Leistungssportler der Leichtathletik, Shotokan Karate, Radsport, seither unregelmäßig Fitness und realitätsbezogene Selbstverteidigung, Schießen), wandern aber war ich nicht so richtig gewesen. Wanderer konnte ich bisher auch nicht verstehen. Die haben nicht alle Tassen im Schrank! Das dachte ich auch über die Radfahrer, bis ich einer von ihnen wurde.

Über die Pilger müssen wir sowieso nicht reden.

Ich konnte mir lange nicht erklären, was das Besondere am Jakobsweg und rund um Pilgerschaft generell war. Warum sich viele Leute quälen und die Strapazen des über 900 km langen (bis Kap Finisterre oder Muxia) Fußmarsches auf sich nehmen.

Kommen wir zurück auf mein Vorhaben. Nachdem ich die Reise äußerte, holte mich die Realität direkt ein und die Idee landete im Eimer. Aussagen wie „Kannst eh vergessen!", „Wann?", „Wie?", „Mit was?", „Wer gibt dir fünf Wochen Urlaub an einem Stück?", „Du hast Familie, was ist mit deinen beiden Kindern?" kamen mir in den Sinn.

Die Einwilligung meiner Frau kam daher überraschend:

„Warum denn nicht? Du gehst deinen Weg dieses Jahr und ich meinen nächstes …" Mehr brauchte ich nicht.

Ein paar Tage später begann ich mich zu informieren, Blogs und Foren zu durchstöbern und mein Equipment zu bestellen. Ich brauchte nicht viel. Den benötigten militärisch-ähnlichen Rucksack, die selbstaufblasende Semptek Thermo-Isomatte und die Löwa-Bergschuhe hatte ich schon länger.

Ich kaufte mir noch funktionale Unterwäsche von Kaikkiala, Poloshirts von Meru und Socken mit Silberionen, eine Zipp-Off-Hose von Jack Wolfskin, die sich per Reißverschluss zu Shorts verkürzen lässt. und einen leichten Mumienschlafsack von Meru. Ebenso erstand ich eine Regenhose und -jacke und am Ende entschied ich mich noch für einen Jack Wolfskin Texapore-Sonnenhut anstelle der 5.11 Schildkappe.

Innerhalb der nächsten zwei Wochen hatte ich meinen Rucksack halb voll. Ich war bereit, eigentlich … wäre da nicht meine unvollständige Reiseapotheke gewesen und außerdem wusste ich noch nicht, wie ich nach Saint-Jean-Pied-de-Port komme.

Nach langen Recherchen fand ich über Amazon eine Online-Apotheke, die nach Österreich liefert und Antibrumm Forte im Sortiment hat. Das einzig funktionierende Insektenspray, meiner Meinung nach, welches zusätzlich angenehm riecht, Fliegen, Mücken und Bettwanzen fernhält.

Meine letzte Bestellung war auf dem Weg und ich hoffte, dass sie rechtzeitig ankommen würde.

Es war bereits der 22. Juni und ich hatte mir den 1. Juli als Start in meinen Kopf gesetzt. Als Nächstes musste ich mich entscheiden, wie ich nach Saint-Jean-Pied-de-Port komme: zu Fuß, mit dem Fahrrad, mit dem Pferd, Auto, Bus, mit Flugzeug oder mit der Bahn. Viel Spielraum war da nicht. Für meine Anreise entschied ich mich für den Zug. Gut gelaunt nahm ich Kurs zum Bahnhof. Am Kartenverkauf-Schalter angelangt, verlangte ich eine Fahrkarte, zweite Klasse, einfach, von Feldkirch nach Saint-Jean-Pied-de-Port.

Der Angestellte schaute auf seinem Computer und fragte mich erstaunt:

„Wo zum Kuckuck ist San-Djean-irgendetwas, im welchem Land liegt es überhaupt?"

„Das ist natürlich in Frankreich …", du Blödmann, ergänzte ich in Gedanken.

„Oh, keine Chance! Da ist noch der TGV im Spiel."

„Wie bitte?!"

„TGV … Wissen Sie, ist eine private Bahngesellschaft und wir haben keinen Zugriff auf die Datenbank und können somit keine Reservierungen tätigen …"

„Spielt keine Rolle! Ich will nicht mit dem TGV …"

„… Keine Chance! Am TGV kommen Sie nicht vorbei. Leider Gottes! Und das geht nur online …!"

„Wie, nur online?!"

„Sie können einzig online reservieren, aber eine Reservierung für Freitag oder Samstag zu machen, unmöglich …"

„Warum zum Teufel keine Reservierungen für den Freitag oder den Samstag?"

„Weil es nur noch fünf Tage sind! Sie hätten früher auf die Idee kommen müssen. Ich könnte für Sie von Feldkirch nach Zürich einen Platz reservieren und einen Stehplatz im TGV von Zürich nach Paris-Lyon. Von Paris müssen sie selber schauen und online buchen …"

Shit, dachte ich mir. Was soll ich jetzt machen? Ich hatte die zwei Karten in der Hand. Und in Frankreich? Zu Hause fing ich an, zu surfen, und fand die tgv-europe.de-Webseite. Ein Platz in der 2. Klasse war unmöglich zu bekommen.

Welch Glück, ich ergatterte den letzten in der 1. Klasse. ,Jetzt kann meine Reise beginnen', dachte ich mir, um direkt danach in Gedanken Stop zu schreien ... nicht ohne meine Reiseapotheke.

Am Dienstag, dem 26. Juni kamen meine zwei Guides, die ich bei Amazon bestellt hatte, an, der Outdoor (Spanien: Jakobsweg – Camino Francés) von Raimund Joos und Michael Kasper und der Rother-Wanderführer (Spanischer Jakobsweg) von Cordula Rabe.

Mitgenommen habe ich letztendlich den Outdoor, weil ich dann beim Durchstöbern feststellte, dass mir dieser wesentlich mehr zusagte. Ich hatte fast alles beisammen und im Büro zu Hause überall verteilt.

Als meine Frau „zufällig" das ganze Chaos sah, fragte sie:

„Schatz, was ist das für Zeug? Wofür brauchst du das?"

Sie war an meine militärischen und polizeilichen Trainingsequipments gewöhnt, aber das hier war etwas anderes:

„Was?! Was genau willst du wissen?"

„Was ist das für Zeug?", fragte sie erneut.

„Wir haben uns darüber unterhalten und du warst damit einverstanden. Das Ganze ist für den Camino."

„Ah! ... Ja, ja ... Nein, ... aaaber das war nur so daher gesagt. Ich wusste nicht, dass du es ernst meinst. Du hast nicht weiter darüber geredet ..."

„Was soll ich sagen, ich habe die Fahrkarten schon."

„Und wann geht die Reise los?"

„Sonntag um 5:45 Uhr!"

„Und wann bist du am Ziel? Wo ist das Ziel überhaupt?"

„Ich komme ca. 22:35 Uhr in Saint-Jean-Pied-de-Port ... Oh, Shit!"

„Warum Shit?"

„Erst jetzt kommt mir in den Sinn, dass laut meinen Guides alle Albergues um 22:00 Uhr schließen!"

„Albergues?"

„Eine Art Jugendherberge, Pilgerherberge genauer gesagt. Eine Unterkunft für Reisende, die sich auf einer Wallfahrt befinden. Ich komme um 22:30 Uhr an und ich will nicht unbedingt auf der Straße übernachten!"

Ich fing an, E-Mail-Anfragen an alle Unterkünfte in Saint-Jean-Pied-de-Port zu schicken.

Am Freitag, dem 29. Juni hatte ich dann eine Reservierungsbestätigung von einer Danielle vom „L'auberge du pèlerin" (französisch Pilgerherberge).

Ich hoffte, dass meine noch fehlenden Puzzle-Teile aus meiner Reiseapotheke am Samstag, dem 30. Juni ankommen würden. Ich hatte Pech. Später erfuhr ich, dass mein Paket erst am Dienstag, dem 3. Juli geliefert wurde.

Am Sonntagmorgen, dem 1. Juli um 5:30 Uhr, ohne vollständige Reiseapotheke, brachte mich meine Frau zum Bahnhof und wir verabschiedeten uns.

Allein blieb ich zurück, allein mit mir und meinem 13 kg schweren Rucksack.

25 Kilos wog er noch ein paar Stunden vorher.

„Sag mal, weißt du, wie schwer der Rucksack ist?", fragte mich meine Frau, während sie ihn betrachtete.

„Keine Ahnung, so zwischen 12 und 15 kg würde ich mal sagen …"

„Ganz sicher nicht! Komm, den wiegen wir! Waaas? 25 kg?! Bis du verrückt? Das ist keine 2-Stunden-Wanderung im Wald hinterm Haus! Es sind mehr als 900 km … und das Ganze mit 25 kg auf dem Rücken …"

„Nee, nee! Du hast Recht! Was too much ist, ist too much!" Und somit verzichtete ich auf 10 kg. 10 unnötige Kilos mit unwichtigem Zeug, von dem ich mich schwer trennen konnte.

> **Erkenntnis des Tages:**
> *„Weg mit dem Ballast! Ausmisten im Kopf.*
> *Kopf und Rucksack von unnötigem Ballast befreien!*
> *Rucksack und mentale Ebene ausmisten."*

02.
DIE SCHATTENSEITEN –
DIE VORURTEILE

„Kein Ereignis hat irgendeine Macht über dich, außer der,
die du ihm gibst." (Anthony Robbins)

Ich fand ein paar Websites über die Schattenseiten des Jakobs-weges. Viele schlechte Erfahrungen waren dort gesammelt, über Überfälle, Unfälle, Anmache, Gefahr des Verlaufens, Vergewalti-gungen. In Gedanken machte ich mich auf das Schlimmste gefasst.

Ich vergaß, dass Spanien in der EU ist und wir im 21. Jh. leben und vor allem, dass wir uns nicht im Krieg mit Spanien befin-den oder in irgendeinem Bullshit-Krieg gegen den Terror. Das ist schwer für mich in Einklang zu bringen, ich als Sicherheits-

Fanatiker. Ich bin ein Mann der Extreme, der keinen Mittelweg kennt. Es gibt nur entweder oder!

Man sagt über uns, damit meine ich die IT-Security-Fuzzis: „Ihr seid zu paranoid!", und wir fragen uns oft, ob wir paranoid genug sind. Das aber ist eine andere Geschichte.

Nun befand ich mich am Feldkircher Bahnhof, allein. Nicht ganz allein. Ich hatte meinen Rucksack und meinen Kopf, mit all meinen Vorurteilen gegen Rassen, Völker, Religionen, gegen Fette, gegen Dünne, gegen Riesen und gegen Zwerge, gegen Sozialschmarotzer, gegen Migranten, obwohl ich selbst Migrationshintergrund habe (zugewandert vor 22 Jahren aus Siebenbürgen) … gegen Politik, gegen Outsourcing, gegen Globalisierung, gegen übertriebenen amerikanischen Patriotismus und religiösen Fanatismus, der nicht besser ist als der islamische Fanatismus, gegen Wichtigtuerei, gegen andere Meinungen, gegen Gott und die Welt …

Ich war eine tickende Zeitbombe.

All diese Vorurteile, die mein Leben schwer machten.

Ich war kurz vor einer gewaltigen Explosion. Das waren Probleme, die keine waren. Die Fußfessel mit schwerer Eisenkugel hatte ich mir bereits vor Jahren zugelegt. Ich pendelte, wie vermutlich die meisten Menschen, zwischen der Vergangenheit und der Zukunft und das, was direkt vor meiner Nase lag, sah ich nicht. Ich sah den Wald vor lauter Bäumen nicht mehr. Es war höchste Eisenbahn, die Notbremse zu ziehen, bevor alles den Bach runtergehen würde.

Und so merkte ich nicht, dass ich mich schon im Zug Richtung Zürich befand. Am Züricher Hauptbahnhof angekommen, nahm ich den direkten Weg zum neuen, italienischen Café „Il Baretto". Mit einem doppelten schwarzen Kaffee (der nicht sonderlich schmeckte) und einem Croissant gewappnet, rannte ich Richtung Informationsschalter. Ich hatte Pech. Es war Sonntag, 7:00 Uhr in der Früh, der Schalter war geschlossen. Ich fand den TGV ohne weitere Infos und dieses Mal hatte ich tatsächlich Glück – trotz gebuchtem Stehplatz fand ich einen Sitzplatz am Fenster. Fünf Stunden bis Paris-Lyon und ich hätte meine Ruhe.

Ich versuchte, meine Zeit mit Lesen zu vertreiben. Ich las „Sid-

16

dhartha", eine indische Erzählung von Hermann Hesse, geschrieben zwischen 1919 und 1922. Siddharta war auf der Suche nach dem eigenen Ich, der Erkenntnis, Erfüllung und dem Glück. Auf seiner Suche probiert er viele Wege aus, von der Askese bis hin zum Leben im Überfluss …

Ich wurde kurz unterbrochen:

„Mesdames, Messieurs, Bonjour. On peut voir les billets, s'il vous plaît? Die Fahrkarten, bitte!"

Ich war überrascht – der Schaffner war ein Farbiger mit Südstaatenfeeling …, aber weiter im Text.

Siddhartha zeigt, dass Erkenntnis nicht durch Lehren zu vermitteln ist, sondern durch eigene Erfahrungen. Ein hervorragendes Buch für Menschen, die im Umbruch sind.

Im Vergleich zum Hauptdarsteller des Buches, der wusste, wonach er suchte, war ich mir noch im Unklaren.

Mein ganzes Leben lang war ich auf der Suche. Ich hatte mich oft selbst erfunden, viel ausprobiert und war nicht zufrieden mit dem, was ich hatte und erreicht hatte.

Für mich stand an erster Stelle, niemals aufzuhören und auf einem Fleck zu verharren, immer weiter, alles perfekt, in Konkurrenz mit anderen, jemandem und vor allem mir etwas beweisen zu müssen.

Bloß nicht stagnieren, das setzte ich gleich mit dem Tod.

„Mesdames et Messieurs, dans quelques minutes nous arrivons à Paris-Lyon, notre destination finale. Bonne Journée, au revoir! – Meine Damen und Herren, in wenigen Minuten erreichen wir Paris-Lyon, unseren Zielbahnhof. Einen schönen Tag noch, auf Wiedersehen!"

Ich merkte nicht, wie schnell die Zeit vergangen war, spürte jedoch ein bohrendes Hungergefühl. Das schob ich beiseite und begab mich zum „Bureau d'Information", Informationsschalter. Am ersten Schalter angekommen, sah ich zwei Reihen Wartender. Nach Hautfarbe und Kleidung zu urteilen bekam ich das Gefühl, mich in Nordafrika zu befinden. Dieses Gefühl kannte ich.

Ich erinnerte mich an Genf, wo ich vor ein paar Monaten war, als ich meine Prüfung zum Certified Information Systems Security Professional (CISSP) abgelegt hatte. Komisch, ich war viel unterwegs gewesen und trotzdem fühlte ich mich total fehl am Platz, als käme ich geradewegs von einer Alm.

Ein farbiger Bediensteter gab mir zu verstehen, dass ich nicht am richtigen Informationsschalter war, und zeigte in die entgegengesetzte Richtung. Trotz erforderlicher Infos fühlte ich mich überfordert. Schlussendlich fuhr ich mit dem Bus circa 20 Min. und gelangte so zu meinem nächsten Zwischenstopp, dem „Gare Montparnasse".

In Montparnasse hatte ich 30 Min. Zeit totzuschlagen.

Ich konnte vor Ort, im Bahnhofsrestaurant, endlich mein Loch im Magen füllen. Nach sechs weiteren Stunden über Bordeaux erreichte ich Bayonne.

Hier musste ich eine Stunde auf einen „Bummelzug" warten, der ca. dreimal am Tag nach Saint-Jean-Pied-de-Port fährt. Wenn man den verpasst, muss man in Bayonne übernachten oder ein Taxi nehmen und mit mehr als 80 Euro rechnen.

Das kam für mich nicht in Frage. Ich suchte schnellstens das passende Bahngleis und stellte fest, dass es sich auf dem entgegengesetzten Ende befand. Nachdem ich einen engen und ungepflegten Verbindungstunnel passiert hatte, befand ich mich am richtigen Gleis, aber mitten auf einer Baustelle. Hier stand ein leerer Personenwagen, Lokomotive zugleich, Abfahrt in beide Richtungen möglich.

Ich wusste noch nicht, ob das mein Zug war. Zudem musste ich noch auf die Toilette und ich hatte mal wieder Hunger.

Dann sah ich ständig komische Gestalten, die mich beunruhigten. Ich war in Alarmbereitschaft. Auf dem Polizei-Farbsystem für Terror-Warnstufen wäre das Orange eher ein Rot gewesen. Ich verzichtete auf den Gang zur Toilette, auf Essen aber nicht. Ich hatte noch zwei leckere Schinken-Käse-Sandwiches von meiner Frau, vorbereitet und liebevoll in Alufolie verpackt. Die kamen mir jetzt ganz recht. Nachdem ich mein zweites Schinken-Käse-Sandwich verputzt hatte, sah ich ein älteres Ehepaar in Richtung des leeren Waggons gehen und sprach sie an:

„Excusez moi, est-ce-que c'est le train vers Saint-Jean-Pied-de-Port? – Verzeihung, ist das der Zug nach Saint-Jean-Pied-de-Port?"

„Oui, bien sûr ... vous pouvez déjà monter et occuper une

place: bientôt, ça va être rempli de monde … Selbstverständlich, kommen Sie rein und nehmen Sie Platz, weil sich der Zug bald füllt."

Meine Französischkenntnisse waren eingerostet. Kein Wunder, ich hatte sie mehr als 26 Jahre nicht mehr benötigt.

Gut, ich nahm meinen Rucksack und suchte mir einen Platz. Ich bat dieses ältere Ehepaar, mal ein Auge auf mein Zeug zu werfen, und eilte zur Toilette. In der letzten Viertelstunde füllte sich der Zug langsam mit Rucksacktouristen. Pilger?! Kurz bevor der Zug losfuhr, sah ich eine junge Frau mit schwerem Rucksack am Bahngleis stehen. Sie wirkte verwirrt: „Excuse me, is this the train to Saint-Jean-Pied-de-Port? – Entschuldigen Sie, ist das der Zug nach Saint-Jean-Pied-de-Port?"

Ich bestätigte ihre Annahme und begann ein Gespräch mit ihr: „Are you pilgrim, too? Where are you coming from? – Bist du auch ein Pilger? Woher kommst du?"

„Yes, I'm a pilgrim and I come from Germany. – Ja, ich bin ein Pilger und komme aus Deutschland."

„Aha, dann können wir uns deutsch unterhalten."

„Bist du auch Deutscher?"

„Nein, ich komme aus Österreich. Vorarlberg …"

„Ich war mal in Salzburg …"

„Wo übernachtest du heute?"

„Keine Ahnung. Ich habe noch nichts gefunden …"

„Hast du nichts reserviert?"

„Nein. Habe gehört, dass es jede Menge Albergues in Saint-Jean gibt."

„Ja schon, aber wir kommen erst um 22:35 Uhr an und alle Albergues schließen um 22:00 Uhr!"

Erschrocken holte sie ihren Rother-Wanderführer raus und fing an, die Albergues der Reihe nach anzurufen, erfolglos.

„Warte mal kurz …", sagte ich und holte die Nummer meiner Albergue raus und rief dort an. Nach einer kurzen Rückfrage hatte sie einen Platz zum Schlafen.

Kurz danach erreichte ich endlich mein Ziel – den Startpunkt meiner Pilgerschaft.

Wie ein Schwarm Wanderheuschrecken fielen die Pilger über

19

die Albergue in Saint-Jean-Pied-de-Port her. Wir waren eine große Gruppe, wartend vor dem „L'auberge du pèlerin".

Als Danielle herauskam, verlangte sie sofort nach Reservierungsbestätigungen. Ich hatte eine und machte Danielle auf meine Begleitung aufmerksam, die vor ein paar Minuten eine telefonische Reservierung vorgenommen hatte. Wir wurden reingebeten, während die anderen das Weite suchen mussten. Das Haus hatte zwei Etagen. Mir wurde ein Bett im ersten Stock zugewiesen und meine Begleitung bekam eines im zweiten. Männer und Frauen wurden getrennt. Das erlebte ich auf dem Camino nur dieses eine Mal.

03.
VON SAINT-JEAN-PIED-DE-PORT
NACH RONCESVALLES

„Wer fremde Sprachen nicht kennt, weiß nichts von seiner eigenen."
(Goethe)

In meinem Zimmer waren drei Iren, ein Franzose und ein Süd-afrikaner – das erste Schnarchkonzert erklang und ich überleb-te. Gegen 5:30 Uhr stand ein Ire auf, eine halbe Stunde später rührten sich die anderen beiden und um 7 Uhr gab ich meine Nachtruhe auf. Nach der Morgentoilette trottete ich Richtung Frühstücksraum.

Es gab ein Continental Breakfast, einfaches Frühstück, das Brot, Butter, Marmelade oder Konfitüre, Orangensaft sowie ein heißes Getränk beinhaltete. Einfach, sehr einfach. Ich hatte es mir anders vorgestellt im Hinblick auf den Weg, der vor mir lag. Ich sollte mich damit anfreunden, dachte ich. Normalerweise frühstücke ich kaum, wenn überhaupt nur am Wochenende. Aber Kaffee ist mir sehr wichtig und sollte Kaffee sein, nicht ein trübes teeähnliches Gebräu.

Meinen letzten echten Kaffee trank ich daheim, und wie es aussah, sollte das so bleiben.

Nach einer weiteren Stunde erschien meine Begleitung im Frühstücksraum. Ein bisschen Small Talk zwischen allen Anwesenden folgte. Wer kommt von woher, warum ist man da, was bewegt jemanden, diesen Trip zu machen, ist es das erste Mal, wie weit will man laufen, stecken religiöse Gründe dahinter, sportliche oder spirituelle? Die verschiedensten Gründe kamen zutage.

Um kurz vor 9:00 Uhr begannen wir, uns alle zu verabschieden, und wünschten uns gegenseitig das typische „Bon Camino".

Ich ließ noch meinen Pilgerausweis (Credencial del Peregrino) stempeln. Mein erster Stempel – was für ein Gefühl!

Anhand des Pilgerausweises überprüft man, ob die für das Ausstellen der Pilgerurkunde „La Compostela" geforderte Strecke des Jakobsweges zu Fuß, auf dem Pferd oder mit dem Fahrrad zurückgelegt wurde. Der Pilgerausweis oder der Credencial dient zwei praktischen Hauptzwecken:

Zum Erhalt der Compostela, der Pilgerurkunde, und als Herbergsausweis, ohne den man nicht in Pilgerherbergen übernachten kann. Er besteht aus vierzehn Seiten, die wie ein Akkordeon zu öffnen sind. Auf der ersten Seite findet man Platz für seine persönlichen Daten. Auf den weiteren kommen dann nach und nach die Stempel der Pilgerschaft, die man in verschiedenen Hotels, Albergues, Hostels, Bars und Pilgerbüros entlang des Caminos bekommen kann.

Nachdem ich Bett und Frühstück bezahlt hatte, bekam ich noch eine Jakobsmuschel von Danielle, der Hospitalera, geschenkt. Meine Begleitung und ich entschieden uns, die erste Etappe, das heißt bis Roncesvalles, gemeinsam zu laufen.

Der Weg führte zunächst durch Saint-Jean-Pied-de-Port (baskisch Donibane Garazi), einem schönen französischen Städtchen. Vom Gemüsemarkt, wo wir uns mit frischen Früchten eindeckten, führte unser Weg zunächst auf die Rue du Maréchal Harispe. Weiter ging es über eine 6 km lange Asphaltstraße, steil hinauf und am Ende wurden einige Häuser sichtbar. Später fragte uns ein Däne nach dem Ort Huntto, eine gute Möglichkeit für ungeübte Wanderer (zu denen ich mich zähle) zum Übernachten. Waren wir einen alternativen Weg gelaufen? Erst dann fiel uns auf, dass wir, ohne es zu bemerken, vorbeigelaufen waren.

Umdrehen kam nicht in Frage, wir mussten den Pass überqueren.

Der folgende Weg über die Pyrenäen war aufgrund der Höhenunterschiede beschwerlich. Der gesamt Pass ist mit schönen Bergwegen, die meist asphaltiert sind, ausgestattet und bei wolkenlosem Himmel wirkt das Bergpanorama wie ein Gemälde, welches ich in vollen Zügen genoss.

Nicht alle Pilger hatten Glück und beschwerten sich über Nebel, Regen und Kälte. Auf halber Strecke überholte uns ein Kanadier aus Alberta, der westlichsten Prärieprovinz Kanadas. Er war im Pensionsalter, aber topfit. Er bemerkte die großen Schwierigkeiten meiner Begleitung, noch weiter zu gehen, und rief aus der Ferne:

„My Friends, don't forget, everything is between your ears!"
Das habe ich nicht vergessen: „Everything is between your ears!"
Die erste Erkenntnis und sie sollte mich noch auf dem ganzen Camino verfolgen … und nicht nur diese. Auf dem Ibañetapass, in 1057 Metern Höhe, mit einem traumhaften Blick auf Roncesvalles, machten wir Halt, aßen ein wenig Obst und nutzten die Zeit zum Filmen und Fotografieren. Ich drehte auf dem ganzen Camino kurze Filme, über 100 GB HD-Film-Material (für einen Laien genug), aber das am Rande. Der anschließende Abstieg mitten durch den Wald war sehr steil und führte auf geradem Wege abwärts.

Das war hart für meine Knie. Erst drei Monate waren vergangen, seit ich wegen eines doppelten Leistenbruchs im Krankenhaus war und zeitgleich am Meniskus des linken Beines operiert wurde. Im rechten Bein hatte ich einige Jahre vorher einen

Kreuzband- und Seitenbandriss gehabt. Endlich erreichten wir Roncesvalles, mit 24 Einwohnern eine der klassischen Pilgerstationen auf dem Camino Frances.

Die Abtei in Roncesvalles besteht hauptsächlich aus dem Augustinerkloster von 1132. Die Mönche dort waren im Mittelalter, als der Pilgertourismus und die Reliquienindustrie florierten, sehr wohlhabend.

Hier ist das Grab von König Sancho VII. von Navarra und seiner Gemahlin, die im 13. Jahrhundert im Kapitelsaal zur Ruhe gebettet wurden. Die größte Pilgerherberge in der Abtei (eröffnete 2011 nach Renovierungsarbeiten neu) bietet 184 Wanderern in drei großen Schlafsälen mit abgetrennten Kabinen Platz. Sie verfügt über einen großen Innenhof, einen Speisesaal und ist laut dem Outdoor-Wanderführer mit Abstand die teuerste kirchliche bzw. öffentliche Pilgerherberge Spaniens. Hier haben wir eine abgetrennte Kabine mit zwei jungen Frauen aus Deutschland geteilt. Ich hatte die beiden irgendwo auf den Pyrenäen einige Male gesehen, sie als ein Paar, im Sinne von Mann und Frau, wahrgenommen.

Das erwies sich als Fehler. Nichts ist, wie es scheint.

Fürs Abendessen hatten wir zwei Plätze in dem nächstgelegenen Restaurant reserviert.

Es gab das „Menú del Peregrino", wie überall, nur geringe Unterschiede aufweisend. Man konnte aus jeweils vier Speisen je Gang auswählen: Vorspeise – Primero Plato: Nudelsuppe, Linsen, gemischter Salat oder Kartoffelsalat; Hauptspeise – Segundo Plato: Fisch (Forelle), Huhn in verschiedenen Variationen, Rindfleisch oder Schweinefleisch; Nachspeise – Postre: Eis (meistens verpacktes Fertig-Eis), Crème Caramel (in Verpackung), Pudding oder Torta de Santiago (trockener Kuchen). Dazu bekam man noch pro Person 1 l Wein, Wasser + Brot. Das alles zum Preis von 6 bis 11 Euros (9 € zahlte ich an diesem Abend). Bevor wir zur wohlverdienten nächtlichen Ruhe kamen, entdeckte ich am Ortsausgang das wahrscheinlich meistfotografierte Schild auf dem ganzen Camino: „Santiago de Compostela 790 km". Wenn man mit dem Auto unterwegs ist und dieses Schild vor seinen

Augen hat, denkt man sich, ‚790 km, boah, ist das laaang …‘.

Ich war aber nicht mit dem Auto unterwegs. Ich war per pedes (per pedes apostolorum, übersetzt in etwa „zu Fuß wie die Apostel“). Der Weg ist das Ziel. Das musste ich noch lernen.

Erkenntnis des Tages:
„Everything is between your ears!"

04.
VON RONCESVALLES NACH ZUBIRI

„Übe dich in Gelassenheit" (Anthony de Mello)

Mal über einen betonierten Fußweg, mal über Wald- und Feld-
wege sind wir über Burguete, Espinal, Viscarret und Linzoain
(wunderschöne Bergdörfer und zugleich alte historische Ort-
schaften aus dem 12./13. Jh.) gelaufen, bis wir die Passhöhe von
Erro (801 m) erreichten.

Witzig fand ich das umgestaltete Stoppschild an der Kreuzung
mit der Bemerkung: „Don't STOP walking!"

Wir überquerten kleine Bäche und nach einer Weile ging es
steil bergab. Über eine mittelalterliche Brücke über dem Fluss
Arga erreichten wir Zubiri. Zubiri heißt auf Baskisch „Ort an der

Brücke" und die Brücke „Puente de la Rabia" (Tollwut-Brücke). Eine Legende erzählt, wer dreimal sein krankes Vieh um den Mittelpfeiler der Brücke treibt, wo sich angeblich die Reliquien der Heiligen Quiteria befinden, schützt es vor der Tollwut. Direkt an der Hauptstraße fanden wir das schöne Hostel „El Palo de Avellano". Erneut trafen wir auf alte Bekannte, die wir in der „L'auberge du pèlerin" kennengelernt hatten. Hier vor Ort gab es nicht viel zu sehen und jetzt während der Mittagszeit herrschte eine für mich noch unangenehme Stille. Alles hatte geschlossen, es war Siesta. Es fiel mir schwer, aus dem Alltag zu entfliehen und die Zeit zu genießen. Spanien und Italien halten ihre Mittagsruhe von 14–17:00 Uhr, inklusive aller Geschäfte. Warmes Essen gab es demnach erst ab 19:00 Uhr.

Die Temperatur lag weit über 35 Grad. Viele Gedanken schwirrten durch meinen Kopf, nichts Konkretes, alles durcheinander.

Meine Begleitung fragte plötzlich:

„Gehen wir ein Eis essen?"

„Wo zum Teufel sollen wir hingehen, wenn alles zu ist?", schoss mir direkt durch den Kopf. Laut sagte ich:

„Warum nicht? Wo kriegt man Eis um die Zeit?"

„Gehen wir ins Schwimmbad, ich habe erfahren, dass es dort eine Bar gibt."

„Schwimmbad?! Gehen die hier baden?" (Natürlich im Sinne von Freizeit und Sport gemeint.) Nach ca. 100 m erreichten wir das städtische Schwimmbad. Eis gab es tatsächlich. Zum Baden hatten wir keine Lust. In einem unbequemen Stuhl hängend bewunderte ich jede Menge Radfahrer-Gruppen. Hin und her, von rechts nach links und umgekehrt. Ich dachte zuerst, die spanische Nationalmannschaft sei beim Training. Später erfuhr ich, dass viele der Bewohner Radfahren als Hobby haben und in Gruppen auf der Hauptstraße trainieren. Die Wirtschaftskrise auf dem Rad verbringen, schoss mir durch den Kopf.

Aus einem Lautsprecher ertönte „I Want to Break Free" von Queen und ich wurde in meine Kindheit zurückversetzt. Es war Sommer, ich hatte Ferien und befand mich in unserem Garten. Wir hatten einen großen Garten, nicht sonderlich breit, dafür aber sehr lang. Er befand sich auf einem Hügel und so konnte ich das örtliche Schwimmbad, welches sich 2 km entfernt von mir befand, sehen. Ich las gerade in einem Jules-Verne-Buch als „I Want to Break Free" lief und ich hörte, wie sich die Jungs und Mädchen in meinem Alter amüsierten. Wie gern wäre ich dabei gewesen. Aber ich durfte nicht.

„Mal abgesehen von den vielen Zigeunern, sieh doch das ganze restliche Gesindel! Weißt du, viele machen Pipi ins Wasser ...", sagte meine Mutter immer wieder. So erging es mir auch in anderen alltäglichen Situationen. Immer wurde ich abgeschottet, alles musste steril sein. Der Kontakt zu Gleichaltrigen beschränkte sich auf die Schule oder Freunde mit Kindern meiner Eltern. Die Herkunft und der Stand in der Gesellschaft waren entscheidend.

Später bekam ich ein eigenes Schwimmbecken hinter dem Haus.

„Hier kannst du jederzeit schwimmen. Ist das nicht cool?", fragte mich mein Vater. Jetzt hatte ich die Möglichkeit, zu schwimmen, allein. Sie hatten nicht verstanden, was ich wollte.

Als ich noch jünger war, bekam ich ein eigenes Mini-Karussell in den Garten eingepflanzt, aus den gleichen Gründen.

Meine Eltern wollten mich vor allem und jedem schützen. So wuchs ich in einer Art „Goldkäfig" auf.

Noch heute verfolgen mich einige Zwänge aus der Kindheit, die ich bisher nicht ablegen konnte.

Nach zwei Stunden Radfahrerkino gingen wir Richtung eines Cajero (Bankomat) und zum Hostel. Ich ging nicht wirklich, sondern latschte in meinen in der Benediktiner-Abtei in Roncesvalles gekauften Badeschlappen herum. Diese erstand ich aus hygienischen Gründen für das tägliche Duschen in den verschiedensten Räumlichkeiten.

Ein Versuch, meine Frau telefonisch zu erreichen, scheiterte. Keine Ahnung warum. Es kam die Meldung, mein Guthaben sei aufgebraucht. Ich hatte extra ein „Traveler/Roaming Package" gekauft mit 1000 freien SMS, 1000 Freiminuten in die gesamte EU und 1 GB Daten-Volumen. Ich glaubte, dass ich bis zu diesem Zeitpunkt meine Frau dreimal angerufen hatte, nicht mal 10 Minuten geplaudert und zwei E-Mails gelesen hatte. Alles sollte weg sein? Zum Glück gab es Wi-Fi im Hostel.

Ich bat meine Frau, gleich am nächsten Tag zum Telekomshop zu gehen und großes „Tam-Taram" zu machen.

Abends gab es im Hostel wie üblich „Menú del Peregrino" und dazu Vino Tinto. Anscheinend trinkt man hier mehr Wein als Wasser ...

Bei einer Besichtigung, bevor wir unser Haus in Feldkirch kauften, sah meine Frau die Terrasse und sagte:

„Und hier können wir gemütlich am Abend im Sommer eine gute Flasche Wein genießen." Ja genau, ich als Mann, der kaum Alkohol trank. Außerdem war Wein nicht gerade mein Lieblingsgetränk, eigentlich schmeckte er mir gar nicht.

Das sollte sich bald ändern.

Erkenntnis des Tages:
„Lebe im Hier und Jetzt! Vergangenheit loslassen!
Nicht auf die Zukunft fixieren und keine Angst vor dem Ungewissen haben. Vertraue den eigenen Fähigkeiten!"

05.
VON ZUBIRI NACH PAMPLONA

„Wenn du glaubst, du kannst es, hast du Recht. Wenn du glaubst,
du kannst es nicht, hast du auch Recht." (Henry Ford)

Am nächsten Morgen, gleich nach dem Frühstück, suchte ich
vergebens meine Bergschuhe in dem Abstellregal, wo ich sie
tags zuvor zurückgelassen hatte. Die paar Bergschuhe, die noch
sichtbar waren, erschienen mir alt und staubig.

Erst nachdem ich zum dritten Mal das gesamte Regal unter-
sucht hatte, fand ich sie. Ja, das waren sie, nicht alt, aber staubig,
kaum wiederzuerkennen. Viele trugen heute Regenponchos,
hatten Angst, dass es regnen könnte.

Es regnete angeblich die ganze Nacht bis kurz vor dem Aufwachen. Nachdem wir das Hostel verlassen hatten, füllten wir am nächsten Brunnen unsere Flaschen mit frischem Wasser und waren bereit, ich zumindest, für die nächste Etappe trotz grauem Himmel. Nachdem wir die Brücke passiert hatten, erreichtem wir das Dorf Ilratz. Auf dem Weg zwischen Ilratz und Ezkirotz war nicht nur der Himmel grau, auch alles rundherum war grau und verunstaltet. Schuld war eine groß angelegte Magnesiumfabrik. Nach Larrasoaña, Akerreta, Zuriain, Irotz führte der Weg direkt durch das Dörfchen Zabaldika und nach 500 m zunächst 7,7 km steil bergauf.

Der Weg ging weiter über Huarte und dann bergab bis zur mittelalterlichen Brücke über dem Fluss Ulzama.

Ich dachte über die Sinnhaftigkeit von Wanderstöcken nach. Meine Begleitung hatte ein Paar. Nach einer gewissen Zeit waren sie nervig, dauernd das monotone Geräusch auf dem Asphalt: Tapp – Klack – Tapp – Klack. Ich bemerkte, bergab vor allem, dass ich eine Gehhilfe trotzdem gut gebrauchen könnte, und beendete kurzerhand das Leben eines Kleinbaumes. Jetzt hatte ich einen Gehstock, handmade und fast geräuschlos.

Auf dieser Strecke trafen wir alte Bekannte, ein Paar mittleren Alters aus Südafrika und eine Niederländerin, welche wir aus Saint-Jean-Pied-de-Port kannten.

Neu dazu kam ein 47-jähriger Software-Entwickler aus Kanada. Weder seine Frau noch seine 19-jährige Tochter bzw. sein 24-jähriger Sohn erkannten seine Bemühungen, die Familie mit mehr als dem Nötigen zu versorgen. Nach dem Burn-out hängte er seinen Job an den Nagel und ließ sich an der Uni von Montreal immatrikulieren – Fach-Praxis für Akupunktur und Traditionelle Chinesische Medizin. Warum nicht?!

Die meisten, die ich auf dem Camino kennengelernt habe, waren nicht zufrieden mit dem, was sie taten. Jeder suchte etwas anderes, aber auf der Suche waren sie alle. Zwischen Huarte und Villava auf einem Hügel, parallel mit der unterhalb gelegenen vierspurigen Schnellstraße, fiel ich zurück, weil ich am Filmen und Fotosmachen war. In mein peripherisches Blickfeld kam eine komische Gestalt aus dem Nirgendwo mit einem undefinierbaren Gegenstand in der Hand. Es sah aus wie eine Eisenstange. Sein Blick starr geradeaus, abwesend, wie verrückt, tauchte aus dem Nichts auf, verschwand wieder, tauchte plötzlich an anderer Stelle wieder auf. Ich hatte auch das Gefühl, dass er meine Begleitung beobachtete. Auf mich wirkte er bedrohlich – Rasta-Typ, dreckig, total zerrissene Jeans. Bevor ich meine Begleitung erreichen konnte, sah ich ihn erneut. Dieses Mal war er zwischen ihr und dem Kanadier, der weiter vorne lief. Ich war in Alarmbereitschaft.

Als ich endlich bei ihr war, fragte ich sie atemlos:

„Hast du den komischen Typen gesehen? Kein mulmiges Gefühl gehabt?"

„Was für ein komischer Typ?"

„Der Rasta-Typ …"

„Na sag mal … ich glaube, dass du der komische Typ bist. Hast du überhaupt kein Vertrauen in die Menschen? Mehr Vertrauen, Mann, mehr Vertrauen!"

Ich dachte mir, ‚Fuck, ich mache mir Sorgen um jemanden und dann werd' ich als seltsam bezeichnet.' Vielleicht waren meine Beschützerinstinkte auf extrem empfindlich eingestellt und hatten verrücktgespielt. Gut möglich. „Always be prepared" lautet das Motto der Pfadfinderbewegung.

In Menschen Vertrauen haben? Das war auch so eine Sache, die mich seit meiner Kindheit prägte. Man konnte nie vorsichtig genug sein, lautete die Devise. Wie denn auch bei ständiger Beobachtung von verschiedenen Nachbarn. Sie versteckten sich hinter den Vorhängen, Telefonate wurden abgehört und Briefe kamen geöffnet ins Haus. Es gab auch noch solche, die sich aus unserem Garten bedienten. Ein Nachbar zapfte sogar unseren Stromkasten, der sich im Hof befand, an. Niemand wollte glauben, dass unser Strom geklaut wird. Meine Mutter ließ nicht locker, schaltete alle Stromfresser ab und entdeckte ihr unbekannte Kabel. Sie entfernte die Sicherung und in unserem Haus passierte nichts. Als der Nachbar uns verreist glaubte, kletterte er über unseren Zaun. Die daraufhin informierte Strom-Gesellschaft entfernte alle schwarzen Leitungen, aber ansonsten gab es keine rechtlichen Schritte. Er war einer der beliebten Spitzel der Securitate, in der DDR die Stasi genannt.

Nachdem wir das Kloster Trinidad de Arre passiert hatten, machten wir in Villava eine kurze Pause und gingen dann weiter nach Pamplona. Meine Begleitung war am Ende ihrer Kräfte und der Kanadier weinte Tränen um sein Dasein.

Was zu viel ist, ist zu viel! In Pamplona quartierten wir uns in „Albergue de Jesús y María" ein. Später, nachdem ich meine Wäsche in die Waschmaschine gestopft hatte, latschten wir zusammen Richtung Innenstadt. Pamplona (baskisch Iruñea) war vom 9. Jh. bis 1512 die Hauptstadt des Königreichs Navarra und wurde als römische Siedlung wahrscheinlich von Pompeius gegründet. Beim Stadtrundgang waren die ersten Anzeichen (verbarrikadierte Läden, Werbung auf Plakaten) des Festes „Sanfermines" zu sehen. Es war erst der 4. Juli. Am 6. Juli 12:00 Uhr würde am Casa Consistorial (Rathaus) mit dem Abschuss einer Rakete das Fest starten. Im Mittelpunkt von diesem steht der weltweit bekannte Stierlauf, nicht gerade mein Fall. Bis zum 14. Juli wird die Stadt im Ausnahmezustand sein. Für mich stand fest, hier würde ich nicht länger als nötig bleiben. Wir besuchten die Plaza del Castillo, das Portal de Francia, Ciudadela und die wuchtige Catedral de Santa Maria. Nach dem Abendessen gingen wir kurz in eine Kneipe in der Nähe unserer Herberge, um unsere trockenen und staubigen Hälse mit Rioja-Wein anzufeuchten, und begaben uns dann zu Bett.

Erkenntnis des Tages:
„Lass die Probleme anderer nicht auf dich selbst abfärben."

06.
VON PAMPLONA
NACH PUNTE LA REINA

„In jeder Sekunde deines Lebens kannst du dieses verändern.
Hab den Mut dazu und lebe." (Unbekannt)

Das war eine anstrengende Nacht. Um 1:00 Uhr begann jemand, irgendwelche baskischen Slogans zu schreien, bis ihn die Polizei abholte. Das Ganze wiederholte sich kurz vor 4:00 Uhr erneut. Ruhe kehrte danach nicht mehr ein.

Kurz nach 6:00 Uhr durften wir die Albergue verlassen. Es war eine von dreien, die bis zu einer bestimmten Zeit komplett geschlossen blieben.

Unser erstes Ziel war eine Bar. Nach den Essensresten, Servietten und Plastikbechern auf dem Boden zu urteilen, sind die Bars Zentrum des gesellschaftlichen Lebens in Spanien. Dort, wo sich das Leben abspielt. Wenn man die spanische Mentalität kennenlernen will, sollte man morgens und abends so eine Örtlichkeit besuchen.

Wir nahmen ein reichhaltiges Frühstück zu uns. Meine Begleitung schrieb noch ein paar Ansichtskarten und der Kanadier führte sein Tagebuch. Vor der Bar war die Stadtreinigung damit beschäftigt, die verräterischen Überreste der gestrigen Partys unter der strengen Beobachtung von Polizisten aufzuräumen. Andere waren mit den Vorbereitungen des Festes „Sanfermines" beschäftigt.

Wir verließen die Zivilisation und tauchten in unsere surreal erscheinende Welt ein, den Camino.

Der Weg führte weiter nach Cizur Menor und Zaraquiegui.

In Zaraquiegui machten wir Halt. Ich wollte die spätromanische Pfarrkirche San Andrés, die im 13. Jh. erbaut worden war, filmen. Hier trafen wir auf einen netten Studenten aus Norddeutschland. Er hatte bis zu diesem Zeitpunkt fast 1.000 km hinter sich. Sein Jakobsweg begann in seinem Heimatort vor seiner Haustüre.

Er empfahl uns, die Bäckerei aufzusuchen, in der eine Dame leckere „Bocadillos" zubereitete. Diese Brote sind in der Mitte aufgeschnitten, mit Tomatenhälften eingerieben und mit Serranoschinken und Manchego-Käse belegt. Keine schlechte Wahl. Zu guter Letzt öffnete unser Kanadier noch eine Flasche Wein für uns.

Der Student fragte, ob er uns bis Puente la Reina begleiten könnte, und vergrößerte damit unsere Pilger-Gruppe.

Nach einer Weile erreichten wir die Passhöhe vom Alto del Perdón. Es war anstrengend, aber man wird mit einem herrlichen Rundblick belohnt. Dort errichteten die Jakobswegfreunde Navarras 1996 eine eigenwillige Pilgerkarawanenskulptur. Daneben, ganz oben auf dem Bergrücken sieht man 40 gigantische Windräder zur Stromerzeugung. Es war windig, sodass ich neben dem optischen SteadyShot des Camcorders, der für höhere Bildstabilität sorgt, auch den Windgeräusch-Filter aktiviert hatte. Das Windrauschen ist auf den Aufnahmen trotzdem noch hörbar. In vielen Guides wird man gewarnt, dass der nun folgende Weg nach unten wahrhaft halsbrecherisch sein soll. Er führt auf verschiedenen Wegen hinunter nach Uterga und weiter nach Obanos. Dort vereinigen sich zwei große Pilgerwege, der eine aus Somport und der andere aus Roncesvalles kommend.

Zwischen Obanos und Puente la Reina fand ich ein iPhone-Headset in einem Busch am Straßenrand hängend.

Keiner schien sich dafür zu interessieren. Ich nahm es mit. Wer weiß, vielleicht begegnet mir der Besitzer. Zu diesem Zeitpunkt wusste ich noch nicht, dass dieses Headset für mich noch eine Bedeutung haben würde. Ermüdet, vor allem durch den Wein, erreichten wir am späten Nachmittag Puente la Reina. Der Ort verdankt seinen Namen der wunderschönen Brücke, die eine Postkarte zieren könnte. Sie wurde im Auftrag der Königin von Navarra im 11. Jh. erbaut, um den Pilgern die Flussüberquerung über den Rio Arga zu erleichtern.

Wir schleppten uns erschöpft durch die Ortschaft, ohne einen Schlafplatz zu finden. Es war zu spät. Wir erfuhren von einer am Ende der Ortschaft liegenden Albergue und verließen Puente la Reina über die berühmte Brücke.

Ich traute meinen Augen nicht, ein Schotterweg 450 m bergauf. Endlich waren wir in der Ferienanlage Santiago Apostol angekommen. Ein helles Gebäude in einer ruhigen Umgebung mit einem Swimmingpool, weder klein noch groß.

Das war ein Segen für unsere Füße und müden Beine.

Nach dem Abendessen genehmigten wir uns reichlich Wein auf einer Bank und betrachteten den Sonnenuntergang. Anschließend suchte sich jeder seinen Schlafplatz in dem 100 Betten umfassenden Schlafsaal mit einfachen Raumtrennungen, wie in Großraumbüros. Ich fand keine Ruhe.

Ich hatte vergessen, Fotos zu schießen, und wollte Puente la Reina nicht ohne diese verlassen. Die ganze Zeit überlegte ich, wie ich das nachholen könnte. 450 m zurücklaufen, filmen und Fotos schießen, das hätte ca. eine Stunde in Anspruch genommen. Kurz vor 1:00 Uhr schlief ich ein.

Es müsste 5:30 Uhr am Morgen gewesen sein, als mich das Nachbars-Handy weckte.

Ich konnte nicht mehr einschlafen und ging ins Bad, meine Morgentoilette erledigen. Gleich nach dem Frühstück verabschiedete ich mich von meiner Gruppe. Es war nicht leicht, diese Entscheidung zu treffen. Jeder soll aber seine eigenen Wege gehen! Ich konnte niemanden mit meiner Idee begeistern, zurückzulaufen wegen ein paar „armseliger Fotos". Bis Santiago werden sich unsere Wege noch kreuzen, sagte ich mir, wenn es so sein soll:

„Man trifft sich schließlich immer zwei Mal im Leben", heißt es zumindest.

Erkenntnis des Tages:
„Egal wie du dich entscheidest, höre auf dein Inneres!"

07.
VON PUENTE LA REINA
NACH ESTELLA

„Wir können die Windrichtung nicht bestimmen, aber wir können die Segel richtig setzen!" (Unbekannt)

Um 7:00 Uhr, die Straßen waren noch leer gefegt, konnte ich in Ruhe meine Filmchen drehen und meine Fotos schießen. Niemand lief mir vor die Kamera. Die ehemalige Templerkirche Iglesia del Crucificio (Kruzifix) war leider geschlossen. Rheinländische Pilger schenkten dem ungewöhnlichen Kruzifix die Y-Form. Durch dieses Kruzifix bekam die Kirche ihren Namen. Mir blieb nichts anderes übrig, als die Kirche von draußen zu filmen. Auch die berühmte Brücke hielt ich bildhaft fest. Über diese verließ ich die Ortschaft und schlug den Weg rechts über einen Feldweg Richtung Estella ein. Nach einer Kurve traf ich überrascht auf meine Begleitung, die natürlich Pause machte.

„Erst gestartet und schon machst du Pause? Spaß beiseite. Gibt es irgendwelche Probleme?", fragte ich.

„Naja, weißt du, meine Hüfte bereitet mir Probleme, die Knie und die Wirbelsäule tun mir auch weh", entgegnete sie.

„Hast du deinen Rucksack so gepackt, wie ich es dir empfohlen habe? Die nächste Etappe ist eher Flachland …"

„Das wollte ich noch …"

„Okay, dann … ich muss los, habe mein Tempo schon gefunden. Wir sehen uns noch. Ciao."

„Bestimmt! Tu dir keinen Zwang an. Bis später. Ciao."

Da sah ich sie zum letzten Mal. Ein paar hundert Meter weiter traf ich den Kanadier, der ebenso Pause machte.

Er hatte Tränen in den Augen und versuchte, sich abzuwenden, als er mich sah.

„Hey man, wo drückt der Schuh? Was kann ich dir Böses tun?", versuchte ich ihn aufzumuntern.

„Shit, ich heule … heule wie ein Schlosshund. Ich als Erwachsener, stell dir vor."

„Was hast du denn?"

„Ehrlich gesagt, ich vermisse meine Familie!"

„Na, dann ruf sie an. Es wird dir gut tun, ihre Stimmen zu hören."

„Das glaube ich nicht!", sagte er. „Meine Tochter meinte, bevor ich ging, wenn ich am Camino krepiere, würde es keinen Arsch interessieren."

„Das sind nur Teenager-Hirngespinste! Sie meint das sicher nicht so", versuchte ich ihn zu beruhigen.

„Doch, doch. Ich bin hier wie im Exil! Ich muss mich bestrafen irgendwie … Danke dir, aber du kannst mir gar nicht helfen", sagte er, bevor ich ihn in seiner eigenen leidvollen Welt hinterließ.

Es waren seine Gedanken, die ihn gefangen hielten, und meiner Ansicht nach tat er nichts, um das zu ändern.

Unsere Wege trennten sich. In Gedanken lief ich weiter, immer wieder an ihn denkend. Bis ich vor mir aus Weinbergen aufsteigend Cirauqui entdeckte. Hier verweilte ich und nahm alle Eindrücke in mich auf. Das Leid der anderen fiel von mir ab. Noch heute denke ich darüber nach, ein Bild von diesem Ort zu malen. In Estella angekommen hielt ich alles Sehenswerte mit meinem Camcorder fest.

„Die schauen doch alle gleich aus", kommentierte ein vorbeigehender Pilger mein Filmen der Kirche Iglesia del San Sepulcro. Mir war das egal. Ich wollte sie auch von innen filmen, aber derzeit konnte ich kaum noch denken.

Ein Wahnsinns-Hungergefühl hatte mich gepackt. Ich musste in die Albergue und etwas essen. Es gab keine Chance auf Essen, es war Siesta-Zeit. Etwas zu suchen, dazu fehlte mir die Lust. Außerdem spürte ich ein Brennen am linken Fuß. Ein älterer Herr wies mich Richtung Kreisverkehr am Ortsausgang, auf mein Fragen nach der Albergue. Das kam mir ganz recht, so müsste ich am nächsten Morgen nicht noch einmal durch den ganzen Ort laufen. Pluspunkt für mich. Eine steile Straße führte dann hinauf. Auf halber Strecke kehrte ich um.

Keine Albergue war in Sicht und das kam mir seltsam vor. Wieder unten am Kreisverkehr fragte ich erneut eine junge Frau. Sie meinte, ich sei schon richtig gewesen.

Na toll! Fuck! Fuck und noch mal fuck!

Ich vertraute dem Weg nicht, noch nicht. Selbst schuld, dachte ich und schleppte mich erneut den Berg hoch.

Am Ende der Straße fand ich dann ein Gebäude, das einer Schule ähnelte. „Albergue Juvenil Municipal Oncineda" stand auf dem Schild, was städtische Jugendherberge „Oncineda" heißen soll. An der Rezeption erfuhr ich, dass eine Reisegruppe mit Menschen mit Behinderung das zweite Stockwerk teilweise belegte, und zwei Kindergruppen zwischen 9 und 13 Jahren belegten den ersten Stock.

Sie trafen sich im Ort zu einem Fußball-Boot-Camp.

Ich bekam den dritten. Für mich allein, ein Zimmer mit sechs Betten. Es gab keine weiteren Pilger. Nun kümmerte ich mich endlich um mein Brennen am Fuß. Meine gesamte linke Ferse war eine einzige große Blase und mein großer Zeh blauschwarz. Bisher war ich davon verschont geblieben und lachte in Gedanken über die anderen Leidenden.

Nachdem meine Füße versorgt waren, aß ich eine Banane und einen Schokoriegel. Ich entdeckte beides in meinem Rucksack und entspannte mich ein wenig auf dem Bett. Weil ich so hungrig war, durfte ich bereits um 18:00 statt 19:00 Uhr meinen Platz im Restaurant der Jugendherberge einnehmen.

Der Arbeitsrhythmus der Spanier teilt sich in zwei Tagesblöcke ein, morgens und abends. Gegenüber unseren mitteleuropäischen Gewohnheiten sind die Essenszeiten um bis zu zwei Stunden nach hinten versetzt. Das Abendessen beginnt erst um 21 Uhr so richtig. Wenn man so wie ich um 18.00 Uhr zu essen wünscht, erntet man überall meist unverständliche Blicke.

Ich wurde fast unter Essen begraben. Dazu gab es eine Flasche Vino Tinto. Hinterher war ich so voll und vom Wein benebelt. Gerade, als ich im Aufbruch war, kehrten die jungen Fußballer ein. Ich ging eine Runde ums Haus, chattete kurz mit meiner Frau und ging ins Bett.

08.
VON ESTELLA NACH TORRES DEL RIO

„Der schlimmste Weg, den man wählen kann, ist der, keinen zu wählen." (Unbekannt)

Am nächsten Morgen um 5:00 Uhr stand ich auf und verließ um 6:00 Uhr das Haus. Man sagte mir, es gäbe eine Abkürzung hinterm Haus auf dem Hügel. Auf dem Weg dorthin überkam mich ein mulmiges Gefühl. Hier fand am Abend vorher ein Fußballmatch zwischen zwei besoffenen Zigeunergruppen statt. Dieses endete zu allem Übel in einer Schlägerei. Ich hatte das ganze Spektakel vom Fenster aus beobachtet.

Jetzt schliefen viele „Teilnehmer" in ihren Autos.

Es war noch dunkel. Ich hätte mir mit meiner Surefire-Defender-Taschenlampe einen Weg durch die Autos bahnen müssen.

War es das wert und sollte ich mich in die Höhle des Löwen begeben? Ein Fuß schon ramponiert … Wäre das mutig oder schon Dummheit? Es schien mir nicht angebracht zu sein und so verzichtete ich kurzerhand auf die Abkürzung.

Mein Weg führte mich wieder zurück hinunter zum Kreisverkehr, weiter nach Ayegui, Irache, Azqueta, Los Arcos. Als Ziel für heute hatte ich Torres del Rio gewählt. Es war noch dunkel, als ich am Monasterio (Kloster) de Santa Maria la Real de Irache aus dem Jahr 958 vorbeilief. Anschließend entdeckte ich das ehemalige Klosterweingut Bodegas Irache, das nicht zuletzt wegen dem Fuente de Vino (Weinbrunnen) bekannt ist. Kurz vor 7:00 Uhr Rotwein frühstücken. Wahnsinn! Ein Brunnen wie im Schlaraffenland. Es hätte mich nicht gewundert, wenn jetzt noch Semmeln am Baum hingen oder ein knuspriges Hähnchen irgendwo liegen würde. Zur Linken das Schild „Aqua" (Wasser) und rechts eines mit „Vino" (Wein). Jetzt konnte man entweder Wasser oder Wein tanken. Ich entschied mich für Wein, Wasser hatte ich genug bei mir.

Zwischen Villamayor de Monjardin und Los Arcos gab es immer wieder Weingüter. Ich lief auf einem asphaltierten Weg, seit ca. 2 Stunden, sah aber weit und breit keinerlei Zeichen und Schilder, weder auf der Straße noch an Häusern.

Nirgendwo der gelbe Pfeil oder die gelbe Muschel.

Ich traf niemanden, den ich fragen konnte, und nicht nur das. Ich traute mich nicht, zu fragen. Wenn es der falsche Weg wäre, wollte ich das besser nicht wissen. Es war heiß und ich hatte keine Lust, umzukehren. Endlich kam eine alte Kirche in Sicht, daneben ein Brunnen umgeben von Bäumen. Während ich meine Wasserflasche auffüllte, sah ich jemanden auf die Kirche zukommen. Es war der deutsche Student.

„Hi! Bist du auch auf dem falschen Weg gelaufen?", fragte ich, froh, einen Menschen zu sehen.

„Falscher Weg?!", erwiderte er.

„Ich bin davon ausgegangen, dass ich mich auf dem falschen Weg befinde, weil ich weder die Muschel noch den Pfeil gesehen habe", erklärte ich ihm.

„Vertraue dem Weg, mein Freund! Vertraue dem Weg!", beendete er das Gespräch und ging. Er hatte wohl keinen Nerv auf meine Fragen. Ich war noch unsicher und sehr wissbegierig, Erfahrungen der anderen Pilger zu hören.

Nicht zu jeder Zeit und nicht jeder mochte sich auf Gespräche einlassen.

‚Kannst mir den Buckel runterrutschen! Das gibt's doch nicht, dass so ein junger Hüpfer mir Ratschläge geben will. Was für ein A…', ging mir durch den Kopf, während ich weiter dem Weg folgte. Das klang wie der legendäre Spruch von Bruce Lee: „Be water, my friend! Be like water! …".

„Shit, er hatte doch Recht gehabt."

Nicht weit vor mir auf dem Asphalt sah ich den ersehnten Pfeil. Kurz vor Los Archos begegnete ich ihm erneut.

„Hey, schau her, ‚Casa Austria'. Willst du deinen Leuten einen Besuch abstatten?", rief er und zeigte rechts auf die erste Pilgerherberge.

„Kein Interesse, danke. Noch keine Pause im Programm", sagte ich, wir machten aber trotzdem gemeinsam Halt bei der nächsten Panaderia (Bäckerei), kauften zwei Stück Rosquillas de Los Arcos (in Olivenöl frittiertes Gebäck aus Mehl, Eiern, Zucker und Orangensaft) und verputzten diese an Ort und Stelle. Sehr lecker. Nachdem wir Los Arcos verlassen hatten, erreichten wir ca. 8 km später Torres del Rio.

Mein heutiges Tagesziel. Am Eingang befindet sich der Platz der Iglesia del Santo Sepulcro und angrenzend die Casa Mariela, in der ich mich einquartierte. Ich traf alte Bekannte. Von Hunger gepackt suchte ich einen Supermarkt, entschied mich dann aber für das Restaurant. Seltsamerweise war es geöffnet und man servierte mir meine Bestellung.

Nach dem Essen wollte ich nicht direkt Siesta halten und lief durch das Dörfchen. Das war keine gute Idee.

Es war viel zu heiß. Die Iglesia del Santo Sepulcro war geschlossen. Eine Marie-Carmen verwaltete diese und hatte angeblich die Schlüssel. Sie war nicht schwer zu finden, begleitete mich und verlangte einen Euro. Auf der Broschüre, die sie mir gab, fand ich die Besichtigungszeiten: 9:00–13:00 und 16:30–19:00 Uhr. Es war noch nicht mal 16:00 Uhr, vielleicht verlangte sie deshalb den Eintritt von mir? Später las ich, dass dieser Preis immer erhoben wird.

Die Iglesia del Santo Sepulcro (Heilig-Grab-Kirche), die sich im Originalzustand befindet, ist dem Tempelorden zugeschrieben und wurde Ende des 12. Jh. gebaut.

Das turmartige Bauwerk mit seinem achteckigen Grundriss und die Kirchenkuppel zeigen eindeutig maurische Einflüsse.

Bis auf das Kreuz über dem Altar aus dem 13. Jh. konnte ich in der Kirche nicht viel filmen. Gemälde und Wandsäulen wurden vor langer Zeit entwendet. Heiß und langweilig – es gab nicht viel zu sehen im Dorf. Erst um 19:00 Uhr trafen wir uns alle auf der Restaurantterrasse. Wir waren zu sechst. Der norddeutsche Student und ein weiterer (beide kannten sich von früher), die zwei Frauen, mit denen ich in Roncesvalles eine Kabine geteilt hatte, ein älterer Herr und ich. Alle waren aus Deutschland, ausgenommen meine Wenigkeit.

Wir aßen unser Menú del Peregrino und tranken Vino Tinto. Während sich die Terrasse langsam leerte, verharrte ich beim Betrachten der untergehenden Sonne. Auf das Rot, das immer dunkler wurde, folgte schließlich Schwarz. Langsam war es Zeit, schlafen zu gehen.

Erkenntnis des Tages:
„Vertraue dem Weg!"

09.
VON TORRES DEL RIO NACH LOGROÑO

„Wenn du immer nur siehst, was das Leben dir verweigert, wirst du nie sehen, was es dir schenkt." (Frieda Romay)

An diesem Tag bin ich sehr früh gestartet, sodass ich mit niemandem in Interaktion treten musste. Ich wollte mehr Zeit für mich. Ich hatte schon zu viele Kilometer verloren, dachte ich. Aber mit jedem weiteren Kilometer gewann ich mehr Abstand vom Alltag. Mehr Zeit, mich mental in mich zu kehren, über die Vergangenheit, die Gegenwart und die Zukunft nachzudenken. Die ersten 20 km, das ständige Auf und Ab auf dem steinigen Untergrund bis Viana, waren ermüdend und hatten es einfach in sich. In Viana angekommen, erlaubte ich mir eine Schnaufpause, die ich nützte, um das Casa Constitorial und die Iglesia de San Pedro aus dem 13. Jh. zu filmen. Nachdem ich Viana auf Pisten und Pfaden verlassen hatte, überquerte ich die Grenze der Autonomen Region von Navarra. Jetzt befand ich mich in der Weinregion La Rioja.

Ein paar ausländische Arbeiter machten gerade eine Pause. Die Zeit dafür war wahrscheinlich noch nicht gekommen, denn sie schauten hektisch umher, vielleicht, um nicht erwischt zu werden.

So erging es mir, als ich noch nicht so lange in Österreich lebte. Das Flüchtlingslager schickte mich in eine kleine Ortschaft, in die Nähe der ungarischen Grenze. Arbeit gab es keine, und als Ausländer hatte man noch weniger Chancen, noch dazu durfte man nicht arbeiten.

Eines Tages kam die Pensionsbesitzerin mit einer erfreulichen Nachricht. Ein Verwandter von ihr benötigte für einen Tag zwei Hilfskräfte in seinem Weinbau und weil sie uns, mich und einen Landsmann von mir, mochte, unterbreitete sie uns den Vorschlag. Ich freute mich sehr, konnte aber nicht ahnen, was auf mich zukommen würde. Als Kind hatten wir selbst einen Weingarten daheim. Ich spazierte hindurch und im Herbst aß ich die Trauben, die Arbeit machten Männer, die mein Vater bestellte. Ich erinnerte mich, als wäre es erst gestern gewesen. Meine Mutter kochte in unserer Sommerküche für sechs Arbeiter das Mittagessen. Als ich diese Leute essen sah, schaute ich ganz erstaunt und fragte meine Mutter mit Verachtung in der Stimme:

„Die kriegen was zum Essen?"

Mechaniker, Schweißer, Bauarbeiter, Busfahrer etc. waren in meiner Welt auf jeden Fall ein paar Klassen tiefer unten angesiedelt. Ich weiß nicht mehr, was ich damals noch alles über diese Leute dachte.

Am nächsten Tag wurden wir tatsächlich von ihrem Verwandten abgeholt. Bis dahin hatte ich nicht daran geglaubt. Ich hatte oft genug Versprechungen gehört.

Der Weinbau war ziemlich flach und auf hartem, steinigem Boden gelegen. Abwechselnd mussten wir eine lange spitze Eisenstange halten und der andere mit einem schweren Hammer draufhauen. So entstanden Löcher für die nächsten Weinreben. Nur zwei Löcher hatten wir geschafft und ich hatte bereits Durst. Diese Art von Arbeit war ich nicht gewohnt und war nicht mein Niveau. Das war Sklavenarbeit.

Irgendwo im Schatten stand für uns ein Korb mit Mineralwasser und einer Kleinigkeit zum Essen.

Ich lief Richtung Korb und prompt wurde ich vom Aufpasser mit Verachtung ermahnt, meine Arbeit zu beenden, vorher gäbe es nichts. Mein Großvater pflegte früher zu sagen:

„Das Rad dreht sich, mein Enkel, dreht sich, verstehst du?"

In diesem Kaff drehte es sich, aber nicht zu meinen Gunsten.

Ich lief weiter durch die Weinanbaugebiete und nach sieben Kilometern erreichte ich die Tore der Stadt Logroño. Sie ist die Hauptstadt der Provinz und der Autonomen Gemeinschaft La Rioja und hat ca. 152.641 Einwohner. Anbau und Export von Wein machten den Ort bekannt. Durch die Pilgerfahrten nach Santiago im 19. Jh. kam der große Aufschwung, wirtschaftlich und kulturell. Historisch und auch kunsthistorisch ist es recht unbedeutend. Ich überquerte die Brücke über den Rio Ebro und folgte den Zeichen. Auf der Calle de Barriocepo machte ich in der Iglesia Imperial de Santa Maria de Palacio einen Halt. Danach suchte ich die städtische Herberge.

Die meisten Pilger, die angekommen waren, übergaben ihr Gepäck in die kirchliche Abtei, wo Volontäre darauf aufpassten. Gleich nebenan befand sich die Albergue de Peregrinos, die erst um 13:00 Uhr öffnete. Ich begab mich auf eine Erkundungstour, nachdem auch ich meinen Rucksack in die Kustodie der Volontäre gab. Nach Iglesia de Santiago El Real besuchte ich den Flohmarkt auf dem Plaza del Mercado. In der Concatedral Santa Maria de la Redonda nahm ich am Gottesdienst teil. Die dargebotene Orgelmusik, der Weihrauch, die wunderschönen Filigranarbeiten rund um zwei Altäre aus dem 16./17. Jh. vermittelten mir ein Gefühl der Harmonie. Nicht zu übersehen war das Gemälde mit dem Kalvarienberg, das Michelangelo für seine Freundin Vitoria Colonna malte. Als der Gottesdienst zu Ende war und ich mich Richtung Altar begab, spürte ich einen Kloß im Hals.

Die ganze Atmosphäre war sehr emotionsgeladen.

Es war wieder soweit, mein Magen meldete sich. Auf dem Weg zum Pilgerinformationsbüro entdeckte ich ein kleines nettes Restaurant. Ich war der einzige Gast. Ich bestellte ein Rindsfilet mit Pommes und eine Flasche Bier. Gleich war es 13:00 Uhr und ich musste meinen Rucksack abholen. Auf dem Rückweg holte ich mir eine Karte von Logroño mit Angeboten von verschiedenen Übernachtungsmöglichkeiten. Die Straße und der Platz vor dem Albergue de Peregrinos waren voll mit Pilgern. Die städtische Herberge verfügt nur über 78 Liegen in drei engen Schlafräumen und draußen warteten sicher die doppelte Anzahl. Zwei Vagabunden stritten sich vor dem Eingang, keine Ahnung, worum es ging. Vagabunden in dieser Region sind ständig unterwegs Richtung Westen oder Osten, benötigen sie Geld, dann nehmen sie einen 1€-Tagesjob an. Das gefällt mir. Besser als die überfüllten Bahnhöfe oder Nächtigungen unter einer Brücke, wie es sonst häufig der Fall ist. Es gab natürlich auch welche, die verschiedene Sachen von anderen Pilgern „ausliehen" und diese dann weiter verkauften.

Auf einem Flyer fand ich eine ganz nette private Übernachtungsmöglichkeit. Ich holte meinen Rucksack und ging Richtung Plaza dal Alfèrez Proisional.

Von einer Terrassenbar hörte ich jemanden rufen, „Hola! Ich hätte dich gern zu uns eingeladen, aber leider gibt es keinen Platz mehr an unserem Tisch", und zeigte dabei grinsend um sich herum. Das war der Däne, den ich beim ersten Aufstieg in den Pyrenäen kennengelernt hatte.

An seinem Tisch saßen nur Frauen. Es war wirklich kein Platz mehr. Stühle von anderen Tischen waren schon genutzt worden.

„Wo ist deine Begleitung geblieben? Eine ganz nette junge Dame, sage ich dir …", rief er und zwinkerte mit dem linken Auge.

„Danke für die Einladung, aber ich bin gerade auf der Suche nach einem Schlafplatz", lehnte ich ab.

„Okay, später vielleicht! Wir sehen uns noch. Viel Erfolg bei der Suche. Schau, dass du die Nacht nicht allein verbringst. Sieh doch, so viele nette Mädchen."

Und wieder dieses Zwinkern. Schon auf den Pyrenäen bemerkte

ich seine Blicke auf „meiner Begleitung". Er zog sie förmlich mit den Augen aus und malte sich wer weiß was in Gedanken aus.

Mir fiel sofort der immer hungrige und vom Pech verfolgte Kojote Wile E. ein, der versucht, den Road Runner mit Messer und Gabel zu verspeisen. Nach Flirten war mir grad nicht zumute. Ich hatte Fußschmerzen, mein Kopf explodierte fast und ich sehnte mich nach einer Bleibe, in der ich mich ausruhen könnte. Dann fand ich die Bar Orinoco. Ich sah hier kein Hostel, wie laut Broschüre angegeben, nur eine einfache Bar. Als ich den Barmann fragte, rief er nach seinem Chef. Dieser gab einem anderen Typen einen Schlüssel und meinte zu mir, ich solle dem folgen. Er war einen Kopf kleiner als ich, voll muskulös und tätowiert, sicher Stammkunde in einer Muckibude, oder in einer Haftanstalt. Wir überquerten verschiedene Straßen, ich versuchte, mir alles zu merken, bis wir auf einer Hauptstraße direkt vor einem zehnstöckigen Gebäude standen. Er zeigte in eine Richtung und sagte:

„¡Ven aquí! Camino se ve aquí!"

„Ah, in dieser Richtung ist dann der Camino, richtig?"

„Si. Muchos peregrinos … ¡Ven!", und ich folgte ihm in das Gebäude. Vor einem Lift blieben wir stehen. Er öffnete die Tür und drückte das 8. Stockwerk:

„¡Súbete! Steig ein." Ich hatte ein richtig mulmiges Gefühl. In der Hand hatte ich bereits meinen kleinen Notizblock mit dem schwarz beschichteten Schrade Tactical Pen dran. Dieser Pen ist ein Selbstverteidigungs-Kugelschreiber, auch Kubotan genannt, aus gehärtetem Aluminium. Im 8. Stockwerk angekommen, zeigte er auf eine Tür, „Hotel Orinoco" war zu lesen, mitten im Haus. Ich konnte ein irres Lachen nicht unterdrücken:

„Is this a Joke?"

„¿Qué?", fragte er. Der verstand natürlich kein Wort.

„Okay! Lass ich mich halt überraschen …", murmelte ich, mehr zu mir selbst. Als ich das sagte, holte er den Schlüsselbund raus und öffnete die Tür. Verstand er etwa Deutsch? Vielleicht.

„¡Venga ya! ¡Ven! Ach komm! Komm schon!", sagte er und ging zur Seite, sodass ich auch eintreten konnte. Jetzt sah ich, dass er sogar breiter als die Eingangstür war.

Er zeigte mir ein Sechs-Zimmer-Appartement mit zwei Bädern und einer Küche:

„Cocina roto ..." Kaputte Küche sollte es wohl heißen.

„No Problem! Brauche ich nicht. Ich Restaurant essen gehe, weißt du ...", sagte ich im absichtlich gebrochenen Spanisch. Er schien mich zu verstehen und erklärte mir, dass ich mir ein Zimmer aussuchen könnte, egal welches, alle seien mit Fernseher und Ventilator ausgestattet.

Dann versuchte er, mir noch zu erklären, wie der Fernseher funktioniert.

„No, no! Muchas gracias ... Yo no necesito TV!", unterstrich ich meine Aussage mit dem Zeigefinger, wedelte diesen als Verneinung vor ihm hin und her und malte mit den Händen ein Rechteck (als Symbol für den Fernseher) in die Luft.

Mein Zimmer war endlich gefunden und mein Rucksack verstaut. Er zeigte mir noch alle passenden Schlüssel und dann folgte ich meinem „Bodyguard" (er ging, als gehöre ihm die ganze Straße) zur Bar, die gleichzeitig als Rezeption fungierte.

„¿Qué crees? Habitación muy bonita! – Was glaubst du? Schöne Zimmer!", fragte mich der selbst ernannte Hotelier.

„Cuánto cuesta? ... Wann gibt es Abendessen? Und was ist mit Frühstück?", kam prompt meine Gegenfrage.

„Son cuarenta Euros! No Comer! No Cena! This is Bar, no Restaurant! Mañana cerrado! No desayuno!" Übersetzt in etwa: „Es kostet 40 € und es gibt nichts zum Essen, weder Abendessen noch Frühstück! Und morgen haben wir geschlossen", sagte er grinsend.

„Das ist eine Frechheit! Viel zu viel, für nichts und wieder nichts!"

„Was willst Du zahlen?"

„Nicht mal 10 €!"

„Okay! Zwanzig und du kriegst noch einen Kaffee."

„12 €, weil wir in Logroño sind."

„Fünfzehn!"

„Fuck, was rede ich ... ich geh zurück in die Altstadt. Das ist ein hundsnormales Appartement. Haben Sie überhaupt eine Lizenz dafür?"

„Na komm … Okay, 12 €. Ein paar Euros machen den Kuchen nicht mehr fett! Hier ist dein Kaffee. Magst du auch Spiegeleier? Morgen kannst du die Schlüssel einfach auf dem Kaffeetisch im Gang hinterlassen. Zieh einfach die Wohnungstür hinter dir zu." Ich bezahlte die 12 € für ein Sechs-Zimmer-Appartement, aß meine Spiegeleier und trank den Kaffee.

Der Hotelier war zu Späßen aufgelegt, ich aber nicht. Zurück in „meinem" Appartement ging ich duschen und machte Siesta. Am Abend aß ich ein Steak mit Pommes und trank Wein dazu. Ich befand mich in einem Restaurant direkt auf dem Plaza Mercado. Auf dem Stadtplan entdeckte ich ein Rieseneinkaufscenter, ganz in der Nähe gelegen. Ich machte mich auf den Weg, fand es aber nicht. Dann sah ich einen Kellner, der gerade alles fürs Abendgeschäft herrichtete. Mit der Karte in der Hand fragte ich ihn:

„Verzeihung, wir befinden uns hier und das Einkaufszentrum wäre da, oder? Ich finde es aber nicht."

„Bringt nichts, es zu finden. Heute ist es sowieso geschlossen."

„Geschlossen?! Warum denn? Wie spät ist es überhaupt?"

Er lachte: „Heute ist Sonntag!"

Es war soweit, ich hatte jegliches Zeitgefühl verloren und verspürte Freude darüber. Dumm war nur, dass ich noch keinen Proviant für den morgigen Tag hatte. Auf dem Weg zum Appartement fand ich einen Laden für Süßigkeiten.

Ich kaufte eine große Tüte Gummibären und fünf Liter Wasser.

Im Zimmer steckte ich mein Smartphone und meinen Camcorder in die Steckdose und schlief ein … nach einem groß angelegten Sicherheitscheck der Schlafanlage. Das war natürlich nur ein weiterer Check. Davor hatte ich längst den Stadtplan durchforstet, Fluchtwege im Kopf markiert, das Krankenhaus, die nächste Polizeistation, und mich so weiter an das Objekt, welches zur Übernachtung diente, vorgearbeitet. Genau wie es in den Akademien für Bodyguards gelehrt wird.

10.
VON LOGROÑO NACH AZOFRA

„Durch Leichtfertigkeit verliert man die Wurzeln, durch Unruhe
die Übersicht." (Laotse)

Um 5:00 Uhr am Morgen weckte mich mein Smartphone.

Nach der Morgentoilette versorgte ich meine Füße, verstaute alles und war startklar. Ich hatte noch vier Liter Wasser, die sich bemerkbar machten. Während der Nacht verliert der Körper ca. 1 Liter Flüssigkeit auf verschiedenste Art und Weise. Diesen Verlust hatte ich immer wieder aufgefüllt.

Mit meiner taktischen Taschenlampe in der Rechten, dem dicken Pilgerstock in der Linken, das taktische Einsatzmesser griffbereit und dem Rucksack auf dem Rücken nahm ich den Lift nach unten. Ich wäre gern direkt aus dem Haus gestürzt, musste aber erst noch die Glastür entriegeln, dann durch die dunkle Vorhalle, von der mehrere Eingänge ausgingen. Ein wenig Laternenlicht schien herein.

Durch die Glastür sah ich zwei schwarze Männer, die sich über einen auf dem Boden liegenden Mann beugten und diesen durchsuchten. Die sind sicher befreundet …

‚Positiv denken, man! Sei nicht paranoid!', dachte ich mir.

Meine Eile wuchs und ich versuchte, kein Geräusch zu machen. Das Gegenteil geschah. Ich bekam die Glastür nicht direkt auf und rüttelte daran. Sofort wurde ich bemerkt. Ich muss nicht mehr sagen, welche Farbe mein Polizei-Farbsystem für Terror-Warnstufen erreicht hatte. Bei einem Thermometer wäre sicher längst das Quecksilber oben herausgeschossen, so heiß war die Situation. Die beiden Schwarzen standen auf, packten den anderen und schleiften ihn über den Boden in die entgegengesetzte Richtung. Heute spiel ich sicher nicht den Helden. Ich konnte mein Herz klopfen hören. Nur ein paar Meter trennten mich noch von der Hauptstraße. Aber wer würde mich dort erwarten? Es war 5:40 Uhr. Ich griff nach der Türklinke und zog daran. Die Tür quietschte, ohne aufzugehen. Vor lauter Aufregung hatte ich das Entsperren vergessen. Die zwei Schwarzen wurden wieder auf mich aufmerksam. Schnell drehte ich das Schloss und sprang auf den Gehsteig. Während die zwei hinter mir hersprangen, rief einer von beiden etwas, was ich nicht verstand.

Ein Taxi kam mir auf der Straße entgegen. Ca. 200 Meter weiter vorne auf dem gleichen Gehsteig sah ich vier Frauen mit Rucksäcken. „Hey Chicas!", rief ich laut, während ich mein Lauftempo beibehielt. Die Damen waren stehen geblieben und warteten auf mich. Ich drehte mich noch einmal um und sah, dass die Typen mir nicht mehr folgten. Sie waren mit einem Gegenstand in ihren Händen beschäftigt.

Ich erreichte die Damen und entschuldigte mich:

„Sorry, I mistook you for someone else. – Entschuldigung, ich habe Sie mit jemandem verwechselt."

„No problem!", antworteten die sportlichen Seniorinnen.

Ich schaute noch einmal zurück, aber da war niemand mehr.

Meine Anspannung ließ nach. Nach ca. vier Kilometern durch verschiedene Teile der Stadt, Einkaufsstraßen, Parkanlagen und über eine Bahnstraße konnte ich Logroño endlich verlassen. Unter der Autobahn hindurch entlang einer Allee erreichte man nach ca. fünfeinhalb Kilometern den Stausee Pantano de la Grajera, Teil eines Erholungsgebiets von Logroño. Neun Kilometer, parallel mit der Autobahn, lief der Camino weiter, zum Teil über eine lange Strecke mit einem Begrenzungszaun. An diesem haben Pilger aus verschiedenen Materialien Kreuze geflochten. Nach weiteren zwei Kilometern am Ende der Autobahnüberführung sah ich die Ruinen des Pilgerhospitals San Juan de Acre aus dem 12. Jh.

In Navarrete aß ich ein Croissant und trank einen Kaffee.

Nach weiteren sieben Kilometern, auf einer Schotterpiste, entlang vieler Weinanbaugebiete und einem großen Sendemast, erreichte ich Ventosa. Es waren nun noch zehn Kilometer, bevor ich Nájera erreichte. Der Weg führte an einem Kieswerk, umgeben von einer Mauer, vorbei. Garibay Daños, ein Priester aus Nájera, der die Pilger unterstützt, schrieb auf die Mauer ein Gedicht, auf Spanisch und Deutsch:

„Staub, Schlamm, Sonne und Regen.
Das ist der Weg nach Santiago.
Tausende von Pilgern gehen ihn
und das schon mehr als tausend Jahre.
Wer ruft Dich, Pilger?

Welch geheime Macht lockt Dich an?
Weder ist es der Sternenhimmel
noch sind es die großen Kathedralen.
Weder die Tapferkeit Navarras,
noch der Rioja-Wein.
Nicht die Meeresfrüchte Galiciens
und auch nicht die Felder Kastiliens.
Pilger, wer ruft Dich?

Welch geheime Macht lockt Dich an?
Weder sind es die Leute unterwegs.
Noch sind es die ländlichen Traditionen.
Weder Kultur und Geschichte
noch der Hahn von Santo Domingo.
Nicht der Palast von Gaudí
und nicht das Schloss Ponferradas.
All dies sehe ich im Vorbeigehen
und dies zu sehen ist ein Genuss.
Doch die Stimme, die mich ruft,
fühle ich viel tiefer in mir.
Die Kraft, die mich vorantrieb,
die Macht, die mich anlockt,
auch ich kann sie mir nicht erklären.
Dies kann allein nur ER dort oben."

Sieben Kilometer weiter kam ich zur Albergue Municipal de Peregrinos in Azofra. Ein modernes Gebäude mit einem kleinen Pool für müde Beine in der Mitte des Hofes. Es gab auf zwei Ebenen 106 Betten in Zellen verteilt und im simplen Pressspanplattenstil gehalten. Jede Zelle hatte zwei Betten, bot Platz für Rucksäcke und es gab eine Art Balkon, von der Größe genau passend zum Schuhelüften. Während ich meine Sachen in die Waschmaschine stopfte, hörte ich Pilger über einen kleinen botanischen Garten reden. Nach einer Dusche suchte ich die Broschüre vom botanischen Garten. Er befand sich 1½ Kilometer von der Albergue entfernt. ‚Mal was anderes', dachte ich und nahm Kurs auf den Garten. Nach ein paar hundert Metern sah ich die Pilger, die sich vorher über den botanischen Garten unterhalten hatten, mir entgegenkommen.

„Und wie ist der Garten gewesen?", fragte ich.

„Wir haben ihn nicht gefunden. Viel zu weit. Rentiert sich sicher nicht!", bekam ich als Antwort.

„Waaas, ihr seid schon 200 Kilometer gelaufen und 1½ schafft ihr nicht?!", fragte ich verwundert.

„Na ja, es ist auch heiß …", sagte die Belgierin, die, wie es aussah, die Gruppe anführte. „… komm trink was mit uns!"

„Später gern, wenn ich zurückkomme ... und die Einladung dann noch gilt."

„Viel Glück dann! Bis später ... und bon Camino!", riefen alle im Chor und fingen an zu lachen.

„Lacht nur ... wer zuletzt lacht, lacht am besten!", sagte ich und ging weiter. Nach nur ca. zehn Minuten kam ich am Jardín Botánico de La Rioja (botanischer Garten), gehörend zur „El Botánico"-Stiftung an. Es war ein kleiner, aber sehr schöner Garten mit über 2.000 Arten von Pflanzen und Bäumen aus allen Kontinenten in neun Thematiken unterteilt.

Am Eingang bat mich ein Botaniker, meine Badelatschen an der Kassa zu lassen und barfuß durch den Garten zu laufen.

Ein unbeschreibliches Gefühl. Ich verweilte zwei Stunden und filmte alles, was mir interessant erschien.

Zurück in der Albergue suchte ich meine Klamotten.

Ich konnte sie nicht finden. Eine Spanierin gab mir den Tipp, auf der Wäscheleine nachzuschauen. Zum Glück waren sie dort. Kurz vor 19:00 Uhr latschte ich Richtung Innendorf, um eine Bar aufzusuchen. Direkt an der ersten entdeckte ich die Gruppe von vorhin, unentschlossen standen sie davor.

„Hey ... da bist du ja ...", sagte die Belgierin.

„Ja. Schau hier ... ich habe was für euch. Eine Broschüre als Beweis, dass es diesen botanischen Garten wirklich gibt."

„Ha, ha ... Diese Broschüren gibt es auch bei uns in der Albergue. Guter Versuch", äußerte sich eine Australierin, ebenso hoch wie breit.

„Meine Dame, hier hast du die Eintrittskarte ..."

„Touché!", erwiderte sie.

„Hey guys, what's up? Bleiben wir hier oder gehen wir zu der nächsten?", fragte die Japanerin. Die Tochter des Barmanns war gerade rausgekommen. Eine armselige frustrierte Teenagerin, Möchtegern-Rockerin ...

„Bleiben wir hier ...", sagte eines der irischen Mädels.

„Dürfen wir die Tische zusammenziehen?", fragte die Australierin.

„Sie dürfen ...", laberte die Bartochter, kauend auf ihrem Kaugummi. Auf dem engen und viel zu kurzen ärmellosen T-Shirt

erkannte ich das verblasste Metallica-Logo. Der „Babyspeck"
hing über elastisch dehnbaren Jeans. Sie sah aus wie eine Press-
wurst in einem Zehn-Euro-Outfit von Kik.

„Was darf's denn sein?", fragte sie kauend wie eine Alpenkuh.

„Dreizehn Mal Menú del Peregrino, bitte!", erwiderte fröhlich
eine der drei irischen Mädels, die Schwester meines Zimmergenossen.

„Dreizehn Mal Menú del Peregrino …", wiederholte sie: „…
und Vino Tinto, oder?"

Ihr Vater versuchte, die vier Tische einzudecken.

„Genau!", erwiderten alle im Chor. Ich holte meine Kamera
hervor und interviewte alle kurz. Eine Australierin, ein Pole,
eine Japanerin, mein irischer Zimmergenosse, drei junge irische
Mädels, die Belgierin, ein junges Lehrerehepaar aus Michigan,
Ohio, und zwei weitere irische Lehrer. Eines der irischen Mädels
erinnerte mich an eine Fee. Sie war irgendwie so zart und zer-
brechlich.

Alle waren nur am Reden, aber ich war abwesend.

Nicht die Bohne interessierte mich, was sie von sich gaben.
Beim Verstauen des Camcorders fiel mein Blick auf das gefun-
dene iPhone-Headset und versuchte, eine „versteckte Botschaft"
herauszulesen. Was hätte das zu bedeuten gehabt? Wozu brauchte jemand ein Headset? Na, um zuzuhören.

Ja, aber diesmal war ich der derjenige, der zuhören sollte. Nicht
gerade meine Stärke und daher sehr schwer für mich. Als wir
fertig waren, verabschiedeten wir uns und jeder ging in Richtung seines Schlafgemaches. Ich besorgte mir noch in einem Laden Äpfel, Bananen, eine Prinzenrolle und zwei Liter Wasser für
die nächste Etappe. Dann fand auch ich den Weg ins Bett.

Erkenntnis des Tages:
„Du sollst zuhören!"

11.
VON AZOFRA NACH VILORIA DE RIOJA

„Betrachte einmal die Dinge von einer anderen Seite, als du sie
bisher sahst; denn das heißt, ein neues Leben zu beginnen."
(Marc Aurel)

Um fünf holte mich der Wecker, in meinem Fall das Smartphone, aus dem Schlaf. Morgentoilette folgte, Wandersachen anzie-
hen, kurze Inventur, Schuhe und Wanderstock suchen, Rucksack
zusammenpacken, die übliche Morgenroutine also, und los ging
es im Morgengrauen.

Eine Cola ersetzte vorläufig den Kaffee. Frühstück gab es erst
in zwei oder drei Stunden, mit dem Kaffeegebräu.

Nach Verlassen des Dorfes, etwa 1,4 km, fand ich „El Rolla",
die Gerichtssäule. Es war noch dunkel, als ich sie filmte. Beim

Betrachten des Filmausschnittes denkt man, es wäre schon 8:00 oder 9:00 Uhr. Ich bin begeistert von der Qualität meines Camcorders, für den Amateurbereich völlig genügend. Nachdem ich Cirueña passiert hatte, erreichte ich nach 17 km Santo Domingo de la Calzada, wo ich die Santa Iglesia Catedral aufsuchte. Dort gönnte ich mir eine kleine Pause. Es kursieren mehrere Versionen einer Legende um den Santo Domingo de la Calzada:

„Eine Pilgerfamilie auf dem Weg nach Santiago, in Santo Domingo de la Calzada angekommen, übernachtete in einem Wirtshaus. Die Wirtstochter verliebte sich in den Sohn der Familie. Er, fromm und keusch, wies ihr Angebot zurück.

Die leidenschaftliche Gefühlserregung der Wirtstochter verwandelte sich in blinden Hass. Sie rächte sich, indem sie einen Silberbecher in seinem Gepäck versteckte.

Am nächsten Tag bemerkte der Wirt den Verlust und verständigte die Wache. Der junge Mann wurde aufgehängt, nach kurzem Prozess. Die traurigen Eltern zogen weiter nach Santiago. Auf dem Rückweg kamen sie wieder an der Richtstätte vorbei, wo sie erfuhren, dass ihr Sohn gar nicht tot sei, weil Santo Domingo ihn gehalten hatte.

Die Eltern liefen daraufhin zum Richter, der vor einem Teller mit gebratenen Hühnern saß, und flehten ihn an, ihren Sohn laufen zu lassen. Der Richter antwortete, dass ihr Sohn erst dann frei sei, wenn die beiden Hühner vor ihm Federn kriegen würden und wegflögen, worauf diese Federn bekamen, sich erhoben und davonflatterten. Und jetzt wurde statt dem Sohn die Wirtstochter aufgehängt. Die Familie zog weiter nach Hause."

Diese Legende machte die Kirche berühmt. Ich war der erste Besucher an dem Tag. Ich musste meinen Rucksack und den Wanderstock in einem absperrbaren Metallschrank am Eingang hinterlassen, zusammen mit einer „freiwilligen Spende" von 2,50 Euro. „No cell phone! No cameras! No camcorder!", wie überall dieselben Zeichen. „Aber das glaubt nur ihr allein!", dachte ich, holte meinen Camcorder raus und begann, zu filmen. Als ich Santo Domingos Statue vor mir sah, hörte ich hinter mir einen Hahn krähen. Drei Meter höher sah ich in einem Käfig in die Kathedralenwand eingemauert einen weißen Hahn und weiße

Hennen. Laut einer anderen Legende hat man Glück auf dem Camino, wenn der Hahn kräht und man gerade vor dem Käfig steht. Nach Beendigung meiner Kathedralen-Tour machte ich mich wieder auf den Weg. Ich passierte Grañón und verließ La Rioja und betrat nun die Region Kastilien/León.

Ca. 9 km trennten mich noch vom Refugio Acacio y Orietta in Viloria de Rioja. Acacio, ein Brasilianer, und Orietta, eine Italienerin, sind ein Paar, die diese Herberge betreiben. Obwohl Acacio vor sechs Jahren nur 50 Dollar in der Tasche hatte, wurde er aufgerufen, eine Herberge zu eröffnen. Acacio bat einen Landsmann, Paulo Coelho genauer gesagt, ihm zu helfen. Aus mehr als 300 Albergues auf dem Camino entschied sich Coelho für dieses Refugio und wurde Pate.

Ich stand vor dem Haus und las, dass die Türe erst um 13:30 Uhr öffnete. 1½ Stunden hatte ich noch zu warten.

Zu beiden Seiten des Eingangs standen Weinfässer, die in Blumentöpfe umfunktioniert worden waren, und ganz links vor dem Gebäude befand sich ein Pavillon mit einem Tisch und zwei Bänken. Dort hätte ich im Schatten warten können, aber nein, ich wollte an diesem Tag einfach der Erste sein.

Viele der Coelho-Fans wussten auch von diesem Refugio.

Nur 11 Betten standen zur Verfügung und eines davon sollte meines sein. Meinen Rucksack lehnte ich an die Mauer aus Lehm und setzte mich vorsichtig auf die rechte Seite auf den Rand des ersten Fasses. Ich wollte die Blumen nicht beschädigen. An mir kam jetzt niemand mehr vorbei.

Ich zog meine Schuhe aus und saß da in Socken.

Die Gegend gefiel mir und ich spielte mit dem Gedanken, länger (mindestens zwei Tage) hierzubleiben. Ich beobachtete einen Großvater, der seiner etwa drei Jahre alten Enkelin die Bedienung eines riesengroßen New Holland Mähdreschers beibringen wollte. Für die Kleine war das ein Riesenspaß. Eine Nachbarin schaute besorgt auf ihren Polo, der im Weg zu sein schien. Um 13:00 hörte ich Stimmen und die Eingangstüre öffnete sich. Ein Pilger verabschiedete sich und kam raus. Mein Blick fiel auf seinen Unterschenkel, von unten nach oben verziert mit Tätowierungen: „2004, 2005, 2006, 2009, 2011". Ich fragte ihn nach der Bedeutung der Jahreszahlen. Meine Vermutung, dass das die Jahre seien, an denen er den Camino gelaufen war, wurde bestätigt. Als sich der Pilger auch von mir verabschiedete, hörte ich noch durch die geöffnete Türe Acacios Stimme: „Um 13:30 können Sie reinkommen", und die Türe ging zu. Noch eine halbe Stunde und mein Arsch tat so weh. Dieser Rand vom Fass war so was von unbequem. 13:30 und die Eingangstüre ging auf. Acacio kam grüßend raus.

„Vaffanculo! Ma sei impazzito? Idiota!", düste Orietta schreiend an mir vorbei. Ich war anscheinend gemeint. „Verrückter Idiot", aber warum denn? Was habe ich verbockt? Die Blumen hatte ich nicht angerührt. Acacio bat mich rein und sagte, dass ein Bett 5 Euro kostet und der Rest sei „Donativo", auf Spendenbasis. Ich nahm mein Bett entgegen, machte mich frisch und steckte im Esszimmer all mein elektrisches Zeug zum Laden an. Zu meiner Rechten befand sich ein Bücherregal, das gleichzeitig als Raumteiler diente. Hier gab es jede Menge Bücher über den Camino in verschiedenen Sprachen. Ich nahm „The Camino: Journey of the Spirit" von Shirley MacLaine und wartete wütend, weil ich die Reaktion am Eingang nicht verstehen konnte. Acacio kam auf mich zu und fragte:

„Und, alles in Ordnung bei dir? Orietta machte sich nur Sorgen um ihre schönen Blumen …"

„Fuck! Nichts ist in Ordnung. Ich bin fix und fertig, hab kaputte Füße, bin müde, freute mich, hier zu sein, wollte sogar länger bleiben. Oriettas völlig übertriebene Reaktion und die unangemessene Schimpftirade brachten mich zum Kochen! Ich bin zu müde und habe keine Lust, jetzt noch zum nächsten Dorf zu laufen, sonst wäre ich weg. Das sind keine Manieren. Man erwartet auf dem Camino, dass die Leute freundlich miteinander umgehen. Man lernt sich kennen und hilft einander." … Und ich erzählte noch, wie ich vor dem Haus wartete, und meine Ängste, dass ich ohne Bett bleiben könnte, dass mein Arsch wund wurde, weil ich seine scheiß Friedhof-Blume nicht kaputt machen wollte.

„Mein Freund, beruhige dich. Du siehst das falsch! Das ist nur dein Standpunkt. Du solltest deine Sichtweise ändern!

Es gibt keinen Unterschied zwischen dem Camino und der Welt

da draußen. Hier sind die gleichen Menschen, mit den gleichen Nöten und Problemen. Man geht auf den Camino und versucht, sich selbst zu finden, versucht, die alltäglichen Probleme zu verarbeiten und besser in den Griff zu bekommen. Gleiche Menschen, gleiche Probleme. Nicht vergessen, wir öffnen die Türe kurz vor 8:00 Uhr. Bis dann bleibt sie geschlossen. Wir wollen, dass die Pilger, die zu uns kommen, sich ausruhen und Energie tanken für den nächsten Weg. Pilger, die in anderen Albergues übernachten, kommen und klopfen an die Eingangstüre, an jedes Fenster, nicht weil sie einen Schlafplatz benötigen, nein, nur weil sie unseren Stempel auf ihrem Pilgerpass wollen. Und das zwischen 6–7:30 Uhr! Nicht nur das. Orietta liebt Blumen und die anderen kommen so wie du und stellen ihre Rucksäcke direkt auf die Blumen!"

„Ich habe keine Blume berührt und Oriettas Reaktion war sowieso übertrieben und deplatziert!"

„Mein Freund, befreie deinen Kopf von wütenden Gedanken … Genieße den Camino. Nimm dir Zeit und genieß jeden Moment, den du auf dem Camino verbringst, genieße jeden Atemzug, jeden Schluck Wein, jede Blume. Genieß das hier. Fühl dich wie zu Hause bei uns!"

Kurze Zeit danach kamen noch zwei deutsche Mädchen und ich freute mich, später auch die Belgierin und diese irische Fee wiederzusehen. Kurz vor dem Abendessen kamen noch drei Pilger auf Rädern – ein baskischer Lehrer mit seinen beiden Kindern, Tochter und Sohn, 13 und 16 Jahre jung. Orietta kochte für uns. Gemeinsam deckten wir den Tisch und anschließend sollte sich jeder in seiner Sprache vorstellen. Baskisch war mir fremd, Flämisch kannte ich von meinen Arbeitskollegen. Nach dem Abendessen sangen wir gemeinsam und die zwei Kinder führten uns stolz ihre baskischen Volkstänze vor. Die Atmosphäre war familiär. Räucherstäbe und die Farben der Wanddekorationen gaben dem Bild einen esoterischen Touch. Ich zeichnete in das Gästebuch ein surreales Bild, mit Komponenten vom Haus, kombiniert mit Elementen aus Salvador Dalis Bildern. Acacio war begeistert von meiner Zeichnung (es war nicht meine beste) und zeigte sie jedem im Raum. Der Tag neigte sich dem Ende zu und vergessen war alles, was bei meiner Ankunft passiert war.

In Zukunft, bevor ich ein Urteil fälle, sollte ich das Ganze betrachten, aus mehreren Perspektiven, alle Facetten mit einbeziehen, eben die Sichtweise ändern. So Unrecht hatte er also nicht gehabt. Als mein Kopf das Kissen berührte, war ich schon eingeschlafen.

Erkenntnis des Tages:
„Du sollst deine Sichtweise ändern!"

12.
VON VILORIA DE RIOJA NACH AGÉS

„Es gibt Menschen, deren einmalige Berührung mit uns für immer den Stachel in uns zurücklässt, ihrer Achtung und Freundschaft wert zu bleiben." (Christian Morgenstern)

An diesem Morgen sprach kaum jemand miteinander. Nach der Morgentoilette saßen alle ruhig am Tisch und nahmen ihr Frühstück ein, in sich gekehrt, abwesend, in Gedanken bei den Impressionen des gestrigen Tages oder den Träumen der Nacht.

Später erfuhr ich den Grund, sowohl das irische als auch das belgische Mädchen erhielten im Traum Antworten auf längst gestellte Fragen.

Nach und nach verließen alle Anwesenden die Herberge. Ich

realisierte das erst, als ich aus meinen Gedanken auftauchte und nur noch die baskische Familie um mich herum sah.

Nach der Verabschiedung verließ ich die Ortschaft über eine schmale Landstraße bis zur Hauptstraße N-120.

Auf dem Weg überholte ich die zwei deutschen Mädchen und erreichte nach 3,2 km Villamayor. Dann führte der Weg an einer Nationalstraße entlang und 5,4 km nach der Überquerung dieser befand ich mich schon in Belorado. Hier traf ich die japanische Frau aus Hontanas und fragte mich in Gedanken, wie das möglich sei. Ich war schon ziemlich schnell.

Wie konnte sie mich trotzdem überholen, ohne dass ich es merkte? Sie lächelte mich an und gab mir, auf meinen überraschten Blick hin, die Antwort:

„Ich habe den Bus genommen …"

Kurz nach Belorado erreichte ich die irische Fee. Sie war mit hohem Tempo auf dem Weg.

„Ich war zu schnell unterwegs. Ich glaube, dass ich dieses Tempo nicht beibehalten kann. Agés muss ich schon von der heutigen Liste streichen", sagte sie.

Über Tosantos, Villambistia, Espinosa del Camino erreichten wir zum Teil gemeinsam Villafranca Montes de Oca.

Auf der 12,5 km langen Strecke verloren wir uns immer wieder aus den Augen. So ist das, man läuft mit vielen Pilgern gemeinsam und doch allein seinen Weg. Sie erzählte mir vom Traum der letzten Nacht. Sie hatte ein Gespräch mit ihrer Zwillingsschwester geführt. Diese starb vor mehr als 15 Jahren bei einem Unfall. Seither blickte ihre Mutter ihr nicht mehr in die Augen und sie fühlte sich dadurch schuldig am Tod. Die Begegnung im Traum brachte schwache Erinnerungen an das Geschehene, dass ihre Mutter beim Unfall dabei war. Sie war noch zu klein gewesen, um alles zu verstehen.

Ihre verstorbene Zwillingsschwester erklärte ihr, wie der Unfall zustande kam, dass ihre Mutter dabei war, sie aber nicht retten konnte. Seiher plagen sie selbst Schuldgefühle, die sich beim Anblick ihrer noch lebenden Tochter immer wieder verstärken. Sie schämt sich. Dies alles solle sie auf keinen Fall vergessen und der Familie davon erzählen.

Mit auf den Weg gab sie ihr noch ein Geheimnis, welches nur ihre Mutter wissen könne und ihr somit helfen würde, die Familie von diesem Wunder zu überzeugen. Über Nacht war sie ein komplett anderer Mensch geworden. Aus dem unsicheren Mädchen war eine Frau geworden, die voller Tatendrang den Weg nach Hause plante, um reinen Tisch zu machen.

Nie hatten ihre Eltern oder ihre sieben Brüder darüber gesprochen. Sie war froh, irgendwie erleichtert, zugleich aber auch wütend:

„In Burgos wird mein Camino beendet!"

„Warum nicht in Santiago?"

„Weil ich all meine Antworten bekommen habe.

Alle Fragezeichen sind aus meinem Leben verschwunden.

Das grenzt an ein Wunder. Der Camino ist ein Wunder, wollte ich bis jetzt nicht wahrhaben. Das hat schon einen Sinn gehabt, warum ich diesen Weg gemacht habe. Jetzt gehöre ich auch zu solchen, die nicht mehr an Zufälle glauben. Du, sag mal, willst du mit deinen Schmerzen wirklich noch bis Agés laufen? Bleib doch mit mir in Villafranca. Ab Villafranca geht es ein wenig steil nach oben, du solltest dich nicht überanstrengen …"

Villafranca Montes de Oca war im Mittelalter der Ort zum Kraftschöpfen vor der langen und gefährlichen Überquerung der Oca-Berge (Gans auf Deutsch). In den Wäldern der Oca-Berge lauerten Räuber und Banditen. Villafranca war Bischofsstadt bis 1075, dann wurde der Sitz nach Burgos verlegt.

Die Wirkung der Ibuprofen-Tablette, die ich am Morgen genommen hatte, fing an, nachzulassen, und kurz vor Mittag waren die Schmerzen wieder präsent.

„Mal schauen. Zuerst muss ich was essen …", erwiderte ich.

„Ich gebe einen Kaffee aus."

„Gut. Ich gehe kurz in die Bäckerei und komme dann in die Bar."

Am Ende eines großen Parkplatzes war sie gelegen und direkt daneben befand sich eine Bäckerei. Ich bat die Dame, mir ein Bocadillo zu machen.

„Das ist eine Bäckerei. Wenn du ein Bocadillo haben willst, musst du zum Nachbarn gehen …"

„Zum Nachbarn? Welchem Nachbarn?"

„Die Bar nebenan, oder du kaufst das Brot, Schinken und Tomaten von mir und machst dir dein Bocadillo selber."

Ich glaube, ich muss sie wie ein Dackel oder ein verletztes Bambi angeschaut haben, woraufhin sie weich wurde:

„Na gut ... sag mir, was du für einen Schinken willst, und gib mir noch zwei Tomaten aus dem Regal."

Langsam füllte sich die Bäckerei und ich wurde zum Stauverursacher. Nur für mich bereitete sie zwei leckere Bocadillos zu. Als ich ihr dann das Geld hinlegte, inklusive Trinkgeld, und kehrtmachte, schrie sie mir hinterher:

„Du willst mich noch beleidigen oder was! Ich nehme doch kein Trinkgeld von Pilgern!"

„Ich wollte Sie doch nicht beleidigen. Nur mich bedanken ...", nahm ich kleinlaut das aufsehenerregende Geld und ging Richtung Bar, wo ich bereits erwartet wurde.

„Und, wie hast du dich entschieden?"

„Ich werde versuchen, die Oca-Berge zu überqueren ..."

„Es sind noch über 12 km bis San Juan de Ortega und noch mal knapp 4 km bis Agés. 16 km ... du hast doch Schmerzen."

Zwei Bisse von einem Bocadillo, eine Tablette Ibuprofen und eine große Tasse schwarzen Kaffees und ich fühlte mich gewappnet für die nächste Berg-Etappe. Wir plauderten noch ein paar Minuten und dann verließ ich die irische Fee. Bereits im Ort beginnt der langsame Aufstieg auf die Montes de Oca. Nach etwa 1½ Stunden erreichte ich ein Denkmal, errichtet für die erschossenen Republikaner 1936. Die Inschrift lautet: „No fue inútil su muerte, fue inútil su fusilamiento." Sinngemäß übersetzt heißt das: „Nicht ihr Tod war sinnlos, sondern ihre Erschießung." Auf dem Weg durch den Wald überholte ich vier spanische Frauen, bis sie die Rollen vertauschten und mich überholten. So ging es mehrere Male. Alle trugen einen ganz kleinen Rucksack, nicht mal die Größe eines Tages-Rucksackes umfassend. Weit und breit war keine Wolke zu sehen, aber sie hatten Regenschirme dabei.

Irgendwann hatte ich zwei von ihnen hinter mir und zwei waren noch vor mir. Ich konnte mich kaum noch bewegen.

Meine Füße schmerzten und mein rechtes Bein, oberhalb des

Bergschuhes bis zum Knie, war stark angeschwollen.

Ich musste nun aber weiter. Hier im Nirgendwo konnte ich schlecht bleiben. Auf einmal blieben die zwei Damen vor mir stehen und drehten sich um:

„Brauchst du etwas gegen die Schmerzen?", fragte eine.

„Danke, ich habe selber noch irgendwelche Tabletten …"

„Was nimmst du?"

„Ibuprofen."

„Stark genug. Aber nicht vergessen, nimm sie bloß nie auf leeren Magen." Es klang, als wäre ich gerade in der Arztpraxis meines Vertrauens.

„Ah übrigens, wir sind Ärzte …", als hätte sie meine Gedanken gelesen. Nach weiteren gemeinsamen Kilometern erfuhr ich, dass eine der beiden die Privatklinik ihres Mannes für Schönheitschirurgie in Malaga leitet und die andere eine eigene Geburtsklinik in Barcelona hat. Sie waren 64 und 66 Jahre alt, aber sahen blendend aus. Eine dritte spanische Dame, viel jüngeren Alters, gesellte sich zu unserer kleinen Gruppe. Sie war zeitgleich mit zwei Handys beschäftigt und ließ sich nicht filmen. Irgendwo auf dem Weg zischte überraschenderweise die Belgierin an uns vorbei.

Sie hätte doch einen riesengroßen Vorsprung haben müssen. „Woher kommt die denn jetzt?", dachte ich.

Mit der Frau aus Malaga lief ich eine Zeit lang Seite an Seite und wir redeten über Gott und die Welt, die Krise in Spanien, die nicht alle erwischte:

„Die oberen Tausend waren nicht betroffen …", grinste sie.

Kurz vor San Juan de Ortega stand ein schwarzer Audi A8 mit „Men in Black" und holte die Spanierin mit den zwei Handys ab. Diese Szene passte hier überhaupt nicht ins Bild.

„Was war denn das für eine?", fragte ich.

„Was? Hast du sie gar nicht erkannt?"

„Woher auch?"

„Sie ist ständig im Fernsehen. Und jetzt mit der Immobilienkrise noch öfters … Sie dürfte in deinem Alter sein!"

„Spanische Fernsehprogramme sind nicht gerade meine Favoriten …"

Vor dem Hotel San Antón Abad fragte sie:

„Wollen wir hier übernachten?"

„Scheint teuer zu sein ... Nein, nein, ich geh noch weiter."

„Ich könnte die Kosten übernehmen, wenn es dir zu teuer ist. Jedes Zimmer hat ein eigenes Bad."

„Nein, es geht nicht ums Geld. Ich möchte heute noch Agés erreichen. Ich möchte einen Zeit-Puffer haben, damit ich in Santiago oder sogar in Finisterre einen längeren Aufenthalt einlegen kann."

„Verstehe, aber wenn du es dir anders überlegst ..."

Wollte sie mich anmachen und ich war zu blöd, es zu bemerken?

Gemeinsam liefen wir weiter und erreichten nach kurzer Zeit die Kirche San Juan de Ortega. San Juan de Ortega war neben Santo Domingo (Santo Domingo de Calzada) der zweite große Befürworter des Jakobsweges. San Juan errichtete die Capilla de San Nicolas, dem Heiligen Nikolaus von Bari gewidmet, und trotz des Widerstandes durch die Oca-Banditen eröffnete er zusätzlich noch eine Pilgerherberge. Vor dieser Herberge bat mich die Spanierin, zu warten, um zu sehen, ob alle ihre Freundinnen schon da seien. Zehn Minuten später kam sie mit zwei Flaschen Wasser heraus.

„Und bleibst du hier bei uns?"

„Ich gehe weiter. Ich habe nur noch 4 km, um mein Etappenziel zu beenden."

„Du könntest heute Abend mit uns feiern. Wird sicher nett. Was wundervoll am Camino ist, dass du hier so viele Leute aus verschiedenen Schichten und Positionen kennenlernst. Kein Rang, kein Status, kein Titel.

Und alle sind gleich. Hier auf dem Camino pulsiert das wahre echte Leben."

„Danke für deine Einladung und die gemeinsame Zeit. Ich habe mich bereits entschieden."

„Ja, ich hab's mir gedacht. Die Flaschen sind für dich ... komm in meine Arme und lass dich drücken ..."

„Du bist eine wundervolle Frau ..."

„Bon Camino ... und sag deiner Frau, dass sie stolz auf dich sein kann!", und drückte und küsste mich noch einige Male.

Das war emotionsgeladen. Diese Verabschiedung war so ehrlich und schön. Nach über 300 km und zwischen Fremden in einem fremden Land nimmt dich jemand in den Arm, drückt und küsst dich. Das werde ich nie vergessen.

Ich ging meines Weges, gelangte nach Agés und wählte unter den drei verfügbaren Albergues die El Pajar de Agés aus. Hier war es langweilig, nichts zu sehen in der Umgebung. Hätte ich bloß mit den lustigen Spanierinnen gefeiert. Nach der obligatorischen Dusche und dem Waschen meiner Kleidung machte ich einen kurzen Spaziergang. Im Schatten rund um die Kirche verweilte ich eine Weile, um zu filmen.

Alle diese zerfallenen Lehmhäuser, eigentlich die gesamte Ortschaft, wären ideal für Häuserkampf-Szenarien, wie sie im Training bei Sondereinheiten durchgeführt werden.

Nach einer sehr langen Siesta kam endlich das Abendessen. Anschließend spülte ich den Schmerz und den Staub des Tages mit meiner Flasche Wein hinunter.

13.
VON AGÉS NACH BURGOS

„Man will nicht nur glücklich sein, sondern glücklicher als die anderen. Und das ist deshalb so schwer, weil wir die anderen für glücklicher halten, als sie sind." (Charles-Louis de Montesquieu)

Mein heutiger Tag startete um 5:00 Uhr. Nach den üblichen Erledigungen holte ich mir noch einen Mars-Riegel aus dem Automaten und ging Richtung Atapuerca. Weltberühmtheit erlangte Atapuerca als Heimat der ersten Europäer. In den Höhlen der Hügellandschaft wurden 800.000 Jahre alte menschliche Überreste gefunden. Laut meines Guides liegt außerhalb der Ortschaft ein kleiner archäologischer Park. Noch war es zu früh, irgendetwas zu besuchen. Der Gedanke, dass ich vielleicht in Burgos das

das Museo de la Evolución Humana (Museum der menschlichen Evolution) besuchen könnte, kam mir.

Nach der Autobahnüberquerung in Orbeneja de Riopico und einem weiten Bogen um den Flughafen von Burgos herum sah ich die Belgierin im Industriegebiet von Villafria. Sie war froh, mich zu sehen. Zusammmen gingen wir weiter und erreichten nach ca. 7,5 km die Vorstadt mit Industriegebiet von Burgos. Sie hatte irgendwo gelesen, dass diese Gegend sehr trist, grau und gefährlich, vor allem für Pilgerinnen, sei und dadurch kein gutes Vorhängeschild abgab. Plötzlich verschwanden die gelben Markierungen, die normalerweise unsere Orientierung waren.

Am Straßenrand parkte ein getunter BMW mit vier schwarzen Insassen.

Als wir uns näherten, öffneten sich die zum Gehsteig führenden Türen und die Belgierin griff fest nach meinem Arm.

„In welche Richtung sollen wir gehen?", fragte sie mich erschrocken.

„Wir folgen einfach dem Schild, auf dem Centro steht", versuchte ich, sie zu beruhigen. Die Männer aus dem Wagen zündeten sich lediglich Zigaretten an.

Als wir an ihnen vorüber waren, fragte sie mich nervös um sich schauend:

„Was meinst du ... was waren das für Typen? Zuhälter oder Drogendealer?"

Das Ganze aus einer anderen Perspektive betrachtend, erwiderte ich: „Hab keine Angst, die wollten nur eine rauchen ..."

Ich selbst glaubte natürlich überhaupt nicht daran.

An eine Hauswand gelehnt stand ein weiterer Typ und telefonierte. Während wir uns ihm näherten und an ihm vorbeigingen, verdeckte er mit den Händen sein Handy und den Mund und nuschelte verschwörerisch in den Hörer.

„Der telefoniert mit jemandem ..."

„Der Meinung bin ich auch", unterbrach ich sie lächelnd.

„Du verstehst mich nicht ... was ist, wenn er jemandem Bescheid gibt, man uns auflauert und dann ausraubt?"

„Und was sollen sie uns wegnehmen?"

„Unsere Kreditkarten, deinen Camcorder ... ich habe Angst,

vergewaltigt zu werden, genau wie es einer Freundin von mir ergangen ist."

„Glaub mir, es wird uns nichts passieren! Ich bin nicht gerade aus Watte." Sie entspannte sich ein wenig, als die Straßenpopulation wuchs.

Ich verbrauchte meinen letzten Fünfer in Villaval, für einen Kaffee. Auch ihr Bargeld war inzwischen aufgebraucht.

Wir mussten wieder flüssig werden und suchten nach einem geeigneten Bankomaten. Dieser fand sich zwischen zwei Geschäften mit Sicherheitspersonal am Eingang. Das erschien mir sicher genug.

Auf dem Weg unterhielten wir uns und stellten fest, dass wir beide nicht in Burgos übernachten wollten.

Wir erreichten gerade das Museum der menschlichen Evolution, als sie sich plötzlich an ihr eines Knie griff:

„Ich glaube, ich muss wohl doch hierbleiben. Mein Knie macht sich bemerkbar und 30 km sind ein guter Schnitt für heute."

„Da hast du Recht. Ich helfe dir, eine Albergue zu finden. Vielleicht bleibe ich auch hier, mal sehen …"

Großer Hunger machte sich in mir breit und so verzichtete ich nun doch auf meine fest geplante Museumsbesichtigung. Die Kathedrale war weit entfernt, dort in der Nähe liegen alle Herbergen. An ein späteres Zurückkommen war für mich nicht zu denken.

Ich las, dass Burgos im 9. Jh. als wichtige Befestigung im Kampf gegen die Mauren gegründet wurde und im 11. Jh. zur Hauptstadt der Könige von Kastilien aufstieg. Der bekannte spanische Held des 11. Jahrhunderts, El Cid, der mit seiner Frau Jimena in der Kathedrale von Burgos begraben liegt, wurde von der UNESCO zum Weltkulturerbe erhoben. Während des spanischen Bürgerkrieges war Burgos die Basis von General Francos nationalistischer Regierung. Wenn man kunsthistorisch interessiert ist, findet man hier die meisten Sehenswürdigkeiten vom ganzen Camino. Im Zentrum von Burgos in der Nähe der Kathedrale, die zwischen dem 13. bis 15. Jh. von den bedeutendsten Baumeistern der Zeit, Felipe de Borgoña, Gil de Siloé und Juan de Colonia (Hans von Köln), mitgebaut wurde, fanden wir

74

auch noch eine hübsche kleine Kirche, Divina Pastora, mit der Albergue Santiago y Santa Catalina verbunden. Man betritt die Kirche und steht zuerst in einem Vorraum. Dieser führt in die Kirche oder über eine Wendeltreppe in den 1. Stock zur Unterkunft. Die Albergue wird von Geschäftsleuten der Stadt Burgos unterstützt, ist sauber und bietet 16 Reisenden Platz. Der Hospitalero war ein äußerst sympathischer Mann im Pensionsalter, der die Pilger mit Gitarrenklängen und Gesang unterhielt. Beim Eintreffen war bereits ein schwedisches Paar am Siesta-Machen. Die Belgierin entschied sich spontan dafür, die nächsten drei Tage hier zu verbringen und sich ein wenig auszukurieren. Nach meiner täglichen Reinigung und Verarztung aller Wunden nahm ich meinen Camcorder und ging Richtung Catedral de Santa Maria. Sie ist der Jungfrau Maria geweiht und seit 1984 UNESCO-Weltkulturerbe. Sie wird als das herausragendste Bauwerk von Burgos beschrieben, ist 84 m hoch an den zwei Türmen und zeigt ein beeindruckendes Beispiel der gotischen Baukunst, nach den Plänen von Hans von Köln gearbeitet, und ist das Wahrzeichen des Ortes. Beeindruckt von dem architektonischen und bildhauerischen Gesamtkunstwerk verweilte ich hier eine Stunde. Vor der Kathedrale fanden gerade Vorbereitungen für ein Volksmusik-Festival statt. In einer Gasse traf ich die Belgierin: „Gehen wir was trinken?"

„Warum nicht", dabei hatte ich schon wieder nur Hunger. Vielleicht half mir ein Getränk, diesen kurzzeitig zu unterbinden. Auf einer Terrasse traf sie einen Bekannten, ein junger Car-Designer aus Torino, der seine Zeit mit einer gut gepolsterten Bulgarin verbrachte.

Zu viert tranken wir Wein, aßen Tapas und planten das Abendessen. Gegenüber der Terrasse befand sich das beste Lokal der Stadt. Um diese Uhrzeit noch geschlossen, aber wir fixierten es für den Abend. Ein paar Stunden später auf dem Weg zur Albergue trafen wir auf einen weiteren Bekannten von ihr, ein Mann, der auf Gran Canaria lebt und zusammen mit einer Irin unterwegs war.

„Was macht ihr am Abend? Habt ihr schon was vor?", fragte sie die beiden.

„Wir haben noch nichts vor und nehmen eure Einladung gerne an", erwiderte er grinsend.

„Ist okay, gern! Dann sind wir jetzt zu sechst und alle aus verschiedenen Ländern. Das wird sicher lustig."

Nach der Siesta gingen wir in das angesagte Lokal, welches bereits komplett voll war. Eine Stunde warteten wir auf einen freien Tisch. So kann es gehen ohne Reservierung. Das Essen entschädigte den Aufwand. Es war einfach köstlich.

Der Abend war geprägt vom Wein, vor, während und natürlich nach dem Essen.

Auf dem Weg zur Albergue hörte ich jemanden meinen Namen rufen. Ich sah die drei spanischen Frauen vom gestrigen Tage:

„Du musst unbedingt mit uns ein Glas Wein trinken. Ist die beste Flasche, die sie im Keller hatten. Hier, nimm gleich mein Glas. Wir haben schon ein paar Flaschen intus", lächelte die Dame aus Malaga. Also verabschiedete ich mich von meiner Gruppe: „Ich komme nach."

„Kein Problem, wir sind sicher noch in der Bar gegenüber, wenn du kommst", meinte die Irin. „Selbstverständlich werden wir auf dich warten", ergänzte die Bulgarin.

Also trank ich erneut, dieses Mal mit den spanischen Damen. Der Wein war ein Bodega Numanthia Termes aus dem Jahre 2005.

Als ich mein Glas geleert hatte und gehen wollte, hielten sie mich zurück:

„Nein, nein. Du trinkst natürlich noch ein Glas mit uns! So einfach entwischst du uns nicht", lachten sie dabei.

Eine weitere Flasche wurde bestellt. Nach dem nächsten Glas musste ich mich entschuldigen, da meine Albergue um Punkt 22:00 Uhr schließen würde. Enttäuscht akzeptierten sie meinen Abgang.

„Ich bin froh, dich noch einmal gesehen zu haben. Man sieht sich ja bekanntlich zweimal im Leben. Komm her, ich muss dich wieder drücken!"

„Vielen Dank für den Wein und einen schönen Abend noch …"

… zweimal im Leben, ging es mir durch den Kopf. Bedeutet das jetzt, ich hatte sie gerade zum letzten Mal gesehen?

Langsam spürte ich den Wein in meinem Kopf. Vor der Albergue, wie versprochen, wartete eine nun inzwischen recht laute Gruppe auf mich.

„Hola! Was trinkst?", fragte mich der Canarios.

„Nichts mehr! Ich habe genug. Wir haben nur noch 10 Min. und schau mal da rüber, der Hospitalero wartet bereits vor der Tür."

„Hey Hospitalero! Komm trink mit uns ...", rief er prompt hinüber.

„Ja, trinkt ihr nur ... macht aber keinen Lärm, wenn ihr gleich reingeht. Die anderen schlafen schon. Um 22:00 Uhr muss ich leider schließen", sagte er. Wir verabschiedeten uns langsam und gingen in den Schlafraum. Ich bereitete noch meine Sachen für die nächste Etappe vor und kroch dann schnell ins Bett.

Die Belgierin lag direkt über mir und fragte: „Läufst du morgen weiter oder hast du es dir anders überlegt?"

„Es war schon lustig hier, aber ich muss trotzdem weiter. Ich will keine langen Pausen einlegen, nur im Ernstfall, wenn überhaupt."

„Wir könnten aber trotzdem die E-Mail-Adressen austauschen, oder?"

„Ja, das machen wir. Hier hast du meine ..." Ich konnte meinen Satz nicht beenden, da der Hospitalero plötzlich neben dem Bett auftauchte und uns mitteilte, dass wir viel zu laut wären und stören würden.

Der Abend war so lustig gewesen. Ich war noch nicht müde und das, obwohl ich wie immer um 5:00 Uhr meinen Tag gestartet hatte. Jetzt zeigte die Uhr schon 22:45 Uhr. Wie war das nur möglich, dass ich, egal zu welcher Zeit (20:00, 23:00 oder sogar 1:30 Uhr) ich schlafen ging, immer putzmunter und völlig ausgeruht aufstand? Die kilometerlangen Märsche, Schmerzen und Müdigkeit waren jedes Mal wie weggefegt. Es war mir ein Rätsel.

14.
VON BURGOS NACH HONTANAS

„Wer glaubt, ein Christ zu sein, weil er die Kirche besucht, irrt sich. Man wird ja auch kein Auto, wenn man in eine Garage geht." (Albert Schweitzer)

Ich bin römisch-katholisch getauft worden, bei meiner Trauung vor zwölf Jahren haben sie mich dann noch mal orthodox getauft.

„Was wird jetzt aus meiner katholischen Konfession? Wird sie von der orthodoxen überschrieben wie die Daten auf einer Festplatte?"

„Zweimal getauft zu werden, kann nicht schaden", sagte mir der Priester.

„Erkennt die orthodoxe Kirche meine römisch-katholische Konfession nicht an oder war der Priester schlichtweg dämlich?"

Ich kann doch nicht zwei Konfessionen haben. Oder war das wie das Ansuchen um die Verleihung der österreichischen Staatsbürgerschaft? Du bekommst sie, musst aber auf deine ursprüngliche verzichten. Welche Religion ist dann die wahre Religion? Mein Vater war und durfte aufgrund seiner Position nicht religiös sein. Meine Mutter ist religiös mit einem Hang zum Okkultismus. Ich hatte nie Religions- oder Firmunterricht. Die kommunistische Regierung lässt das nicht zu. Ich war schlussendlich überzeugter Atheist, vor Prüfungen jedoch bat ich Gott um Hilfe, wie die meisten auch. Ich wusste, dass es etwas Höheres geben muss, aber ich wollte es nicht zugeben. Später suchte ich mein Glück im Okkultismus, in der Magie und Esoterik. Mit Feng-Shui versuchte ich, das Leben zu entrümpeln. Ich stellte mir häufiger die Frage:

„Gibt es Gott oder eine Göttin? Gibt es Gottmenschen oder Halbgötter wie in der griechischen Mythologie?

Ist Gott weißhäutig, blond und blauäugig oder eher schwarzhäutig? Wie soll ich ihn nennen: Zeus, Jahwe, Jehova, Odin, Thor und Balder, Allah, Buddha, Krishna, Shiva, Ganesha, Brahma, Rama, Vishnu, Wotan oder Manitu?

Welcher ist jetzt der wahre Gott? Soll ich lieber was Exotisches wählen?"

Es ist trendy, anders zu sein. In Asien hätte ich eine größere Auswahl an Göttern. In Indien könnte ich einen der 330 Millionen Götter und Dämonen wählen.

Was ist eigentlich mit der Reinkarnation? Praktische Sache – ich lebe jetzt in Saus und Braus und überlass die Folgen dem nächsten Leben. Nehmen wir Indien, nach 5000 Jahren sieht man hier keinerlei Fortschritt. Somit käme keine indische Gottheit in Frage. Wie komme ich dann näher an Gott?

Wie soll ich beten? In welcher Sprache soll ich das machen? Soll ich mich mit Yoga fit halten und Zen-Buddhismus praktizieren, sodass ich ein besserer Christ werde, wie viele katholische Priester es behaupten?

„Yoga ist doch kein Sport", behaupten einige. Gelehrte meinen, dass Yoga eine Religion ist.

„Welche Religion ist dann die wahre, ultimative und anerkannteste?" Viele versuchen, uns einzuhämmern, dass die Religion schuld an allen Kriegen sei. Das macht die Sache einfach. Es wird nicht nach Gründen gesucht, sondern der „Gegner" ist einfach „ungläubig". Das reicht aus. Ich dachte lange, dass eine universale Religion die beste Lösung wäre. Wie eine Art Bestätigung fand ich den US-amerikanischen satirischen Dokumentarfilm aus dem Jahr 2008 namens Religulous (gebildet im Englischen aus religion und ridiculous – lächerlich). In diesem Film interviewt der politische Satiriker Bill Maher Anhänger und Führungspersonen umstrittener Bewegungen. Auch Wissenschaftler kommen zu Wort. Seine Konklusion habe ich lange vertreten:

„Die Religion muss sterben, damit die Menschheit überlebt." Das ist reine Utopie, ob Universalreligion oder das Aussterben dieser …

Ich befand mich längst auf Tour. Meine Wasserflaschen waren leer und ich verspürte Hunger. Ich fing an, über die verschiedenen Bibelversionen zu philosophieren:

„Welche Bibel ist die wahre?" Sind das nur Bücher, Texte, die man je nach Belieben interpretieren kann? Alles reine Fiktion? Wie in allen Bereichen gibt es auch hier Rosinenpicker, die beginnen, Bibelstellen wegzustreichen oder zu ignorieren …

Langsam war ich ganz konfus von meinen eigenen Gedanken.

Ich bemerkte starken Wind und hatte Mühe, meinen Hut auf dem Kopf zu behalten. Rund um mich herum bildeten sich kleine Tornados. Der Staub knirschte zwischen meinen Zähnen. Meine Brille war komplett verstaubt und ließ mir kaum noch Sicht. Auf einmal mitten im Nirgendwo aus einer Staubwolke heraus sah ich ein Tal mit einer Ortschaft. Versteht mich nicht falsch, ich war auf keinem Berg, aber nach den endlosen Ebenen der vergangenen Stunden erstreckte sich ein Weg nach unten und dort lag Hontanas. Es kam mir vor wie eine Oase. Verschiedene Quellen versorgen das Dorf ausreichend mit Wasser – Fontanas (Fontänen). Durch Änderung des Anfangsbuchstaben entstand

Hontanas. Es lag so tief, dass absolute Windstille herrschte, und ich kam mir vor wie in einer Geisterstadt aus längst vergessenen Zeiten.

Die städtische Albergue „Antiguo hospital de peregrinos" wurde mein Domizil. Nachdem ich frisches Obst für den nächsten Tag besorgt hatte, landeten meine Klamotten in der Waschmaschine. 45 Minuten würde sie nun ihre Arbeit verrichten und ich nutzte die Zeit, um das Dörfchen zu erkunden. Ich erfuhr, dass es hier angeblich seit Jahren keinen Gottesdienst mehr gab, aufgrund des Fehlens eines Priesters. Auf einer Barterrasse trank ich später einen großen schwarzen Kaffee. Am Nachbartisch saßen ein Amerikaner und drei Südkoreaner. Der Amerikaner hörte sich anscheinend gerne reden. Er teilte laut gestikulierend mit einer baritonartigen Stimme seine Vorliebe für die asiatischen Völker, deren Kultur und Küche mit.

Die Südkoreaner sagten, dass sie von Seoul kämen.

Der Amerikaner, der wahrscheinlich alle seine Geografiestunden in der Schule verpasst hatte, brachte alles durcheinander. Immer wieder sprach er über Saigon und Kambodscha und die Diktatur der Roten Khmer.

Er war von Stolz erfüllt, über das eigene Volk, die beste und stärkste Nation, wo es nur das Beste vom Besten gibt. Natürlich konnte er nicht verstehen, warum so viele Menschen gegen die Amerikaner seien, erwähnte er. Nachdem die amerikanische Armee doch die ganze Welt vor Terroristen schützt und alles in Balance hält. Mir ist einer der „Bushismen" (bezeichnet auf satirische Weise Wörter oder Phrasen, die den Stil der öffentlichen Reden des ehemaligen US-Präsidenten George W. Bush kennzeichnen) in den Sinn gekommen, „Jede Nation in jeder Region muss jetzt eine Entscheidung treffen. Entweder seid ihr für uns oder ihr seid für die Terroristen" und sah schwarz.

„Bullshit!", sagte ich laut und verließ wütend die Bar.

In meinem Zimmer in der Albergue waren gerade drei Frauen aus Südtirol und ein französischer katholischer Priester, den ich an seinem Kollarhemd erkannte. Ich weiß nicht, warum, aber ich wartete, bis die Südtirolerinnen den Raum verlassen hatten, und ging zum Priester. Meine Überlegungen des Tages waren immer noch präsent. Ich fragte, ob ich ihm ein paar Fragen stellen dürfe für mein Video-Tagebuch. Der Priester nickte bestätigend mit dem Kopf und fragte mich, ob er in Französisch reden könnte. Ich hatte nichts dagegen.

Nachdem er sich kurz vorgestellt hatte und alles im Kasten war, wollte ich mich unbedingt mit ihm unterhalten, speziell über meine Probleme, Hass und Wut gegen alles und jeden.

Er fragte mich, warum ich aus der katholischen Kirche ausgetreten war. Ich sagte, dass in Österreich Kirchensteuer zu zahlen sei, bis man tot umfällt. Ich war einfach nicht mehr bereit dazu. Damals zahlte ich über 2.000 Schilling, bevor ich austrat. Ich erinnere mich noch an die Kassiererin von der Kirchenbeitragsstelle, die versuchte, in mir Schuldgefühle zu erwecken:

„Na? Haben Sie vergessen, wie viel Unterstützung Sie von der katholischen Kirche bekommen haben, als Sie nach Österreich gekommen sind?"

„Welche Unterstützung, zum Teufel? Die haben mich aus einer Kirche rausgeschmissen, weil ich Turnschuhe trug", sagte ich. „Freiwillig auf Spenden-Basis finde ich okay, aber ich bin kategorisch dagegen, wenn man dazu gezwungen wird."

Im Herzen bin ich immer noch katholisch, glaube ich. Egal, was das Papier sagt. Offiziell bin ich konfessionslos, oder eben orthodox, dank meiner zweiten Taufe (ein As im Ärmel?). Ich bedankte mich beim Priester für seine Geduld und verabschiedete mich. Ein paar Stunden später, der Priester entdeckte mich auf einer Bank lesend:

„Komm um 19:00 Uhr in die Kirche", sagte er und suchte das Weite.

„Ich komme …", rief ich ihm hinterher, ohne lange zu überlegen. Ich verstand ihn falsch und zeigte bereits um 18:00 meine Präsenz in der Kirche. Ich ließ mich auf der vorletzten Bank der linken Reihe nieder. Rechts waren ein paar amerikanische Priester am Beten. Leise holte ich meinen Camcorder raus und fing an, zu filmen. Kurz vor 18:45 Uhr war die Kirche plötzlich fast menschenleer.

Ein mexikanischer Priester befand sich noch in einer der rechten Bankreihen. Dann kam mein französischer Priester reinmarschiert, setzte sich vorne auf eine Bank und begann, zu beten. Mir wurde bewusst, dass ich einem völlig fremden Mann alle meine Emotionen anvertraut hatte, und überlegte, ob das richtig gewesen war. Durch das hintere runde Kirchenfenster trat ein Sonnenstrahl und traf genau den Franzosen. Nur er allein war eingehüllt in diesem Licht. Es war ein mystischer Moment.

Ich konnte nicht glauben, was ich sah. Zum Glück hatte ich es mit meinem Camcorder festgehalten, sonst hätte ich immer noch starke Zweifel an meinem mentalen Gesundheitszustand.

Eine ältere Dame erschien, ging zu ihm und sie unterhielten sich kurz. Danach ging er in einen Raum rechts vom Altar. Punkt 19:00 Uhr schaltete die Frau die Glocke ein (elektrisch) und rief so zur Messe. Im grünen Messgewand erschien mein Priester und begann mit seiner Predigt.

Die Kirche füllte sich langsam mit älteren Frauen, die überrascht schauten, aber trotzdem Platz nahmen.

Am Ende der Messe, während er die Hostie segnete, traf ihn noch einmal ein blendend weißer Lichtstrahl.

Ich verließ die Kirche, meine Eindrücke wirkten nach.

Ich war verwirrt. Bevor ich schlafen ging, drehte ich noch eine kurze Runde durch Hontanas und dachte über die Geschehnisse nach. Auf einem Bänkchen saß der französische Priester und ich ging direkt auf ihn zu:

„Ich weiß nicht, was gerade passiert ist. Wenn ich das Ganze nicht gefilmt hätte, würde ich denken, dass ich langsam durchdrehe. Soll ich Ihnen zeigen, wie der Sonnenstrahl Sie beleuchtet, während ich die Frage stellte …?"

„Du musst mir nichts beweisen. Ich weiß, dass es so ist. Ah und übrigens, die Messe war für dich …", fügte er hinzu. Jetzt wusste ich wirklich nicht mehr, was ich sagen oder denken sollte. Vielleicht war es soweit – Zeit für eine Therapie. Wie sollte ich das Erlebte interpretieren?

War das hier gerade eine der sogenannten religiösen Erfahrungen? Was war dieses Mal die Message? Wollte mir eine größere

Macht etwas mitteilen? Was wollte sie mir sagen? Dass ich mich auf dem richtigen Pfad befinde oder doch was anderes? Bin ich nicht empfindlich genug, zwischen den Zeilen zu lesen, oder bin ich nicht reif genug? Ich ging zu Bett und über mir schwebte eine Wolke voll unbeantworteter Fragen, die noch heute sichtbar ist.

Erkenntnis des Tages:
„Die Dinge sind nicht immer das, was sie zu sein scheinen."

15.
VON HONTANAS NACH FRÓMISTA

„Hätte Gott mich anders gewollt, hätte er mich anders gemacht."
(Goethe)

Zwischen Rabé de las Calzadas und Hornillos del Camino, ca. 8 km vor Hontanas, beginnt die Meseta, eine Hochebene, in der man vergeblich nach Schatten sucht. Meseta bedeutet nichts anderes als Tisch, Platte oder Ebene auf Deutsch.

Die Straße führt durch die Klosterhalle des ehemaligen Klosters des Antoniter-Ordens aus dem 14. Jh. Heute ist San Anton nur noch eine Ruine.

Der Weg läuft parallel mit dem Kanal von Kastilien, ein Meisterwerk der Baukunst aus dem 18. Jh., erstmals als Transportweg geplant, dient er heute der Bewässerung.

Das Schilf war durch verschiedene Sumpf- und Wasservögel besiedelt. Am Ende des Kanals, nach Überquerung der Schleuse, sie war eng und rostig und ich hielt meinen Camcorder so fest in der Hand, dass sich fast meine Fingerabdrücke in dem Plastik verewigten, erreichte ich nach mehr als 37 km Frómista. Es war ein verdammt heißer Tag. Ich passierte einen Supermarkt, den großen Kirchplatz und kam schließlich an meinem Etappenziel, der Albergue Municipal de Peregrinos, an.

Eine unfreundliche Hospitalera, schon etwas betagt, erwartete alle Reisenden. Sie wirkte auf mich wie eine veritable Puffmutter, Zigarette im Mundwinkel, schlecht gelaunt, grimmiger Gesichtsausdruck, viel zu enge und dadurch sehr unvorteilhafte Kleidung. Nachdem ich mein Bett für die Nacht vorbereitet hatte, duschte ich und ging zurück zum Supermarkt, Proviant für den nächsten Tag kaufen.

Eine Apotheke fiel in mein Blickfeld. Natürlich betrat ich diese. So langsam war ich Stammkunde in spanischen Apotheken. Zwei ältere Damen warteten vor mir in der Schlange. Gelangweilt warf ich eine 2-Euro-Münze in die Waage, die zusätzlich auch die Größe misst. Überrascht war ich keinesfalls über meinen Gewichtsverlust, aber die Größe konnte nicht stimmen. 2 cm war ich sicher nicht geschrumpft. Ich sah mich im Geschäft um, normale Pflaster, Compeed-Pflaster, Silber-Pflaster, Aktiv-Knie- und Fersenbandagen, Bepanthen, Fenistil. Ich wusste, Fenistil brauche ich, schließlich war es bei meiner Online-Bestellung dabei gewesen, aber für was? Es fiel mir nicht ein.

„How can I help you?", unterbrach mich der Apotheker.

„Was zum Desinfizieren, Silber-Pflaster und zwei Rollen sterile Bandagen … ah, die Kombi-Waage funktioniert übrigens nicht richtig …"

„Mal schauen … Hier sind Ihre zwei Euro. Bitte versuchen Sie es erneut."

„Immer noch 2 cm weniger. Wahrscheinlich ist das Gerät nur auf die spanischen Größen eingestellt …"

„Was meinen Sie damit?"

„Ich hab versucht, einen Witz zu machen. Sie schauen so ernst durch Ihre Halbbrille."

„Hier noch einmal Ihre zwei Euro. Brauchen Sie noch eine Tüte für Ihren Einkauf?", überhörte er meinen Scherz.

„Nein danke! In meiner ist noch Platz genug. Adiós!"

„Adiós und bon Camino!"

In der Albergue richtete ich alles für die nächste Etappe her und setzte mich dann auf die Terrasse des benachbarten Hotels.

„Ein großes Bier, bitte."

„Großes Glas?"

„Einen Krug bitte … und den Wi-Fi Key."

„Kommt sofort."

Von hier aus hatte ich einen guten Blick auf die Rückseite vom Kirchplatz und der San-Martins-Kirche aus dem 11. Jh. Sie gilt als eine der ersten romanischen Kirchen Spaniens. Dahinter hörte ich Geräusche, wie Granatenschüsse. So klang es sicher auch bei der maurischen Invasion. Frómista wurde damals zerstört und blieb über ein Jahrhundert unbesiedeltes Niemandsland. Die Menschen kehrten erst im 10. Jh. wieder in die verfallene Stadt zurück.

„Ihr Bier und der Schlüssel." Viele Leute drehten bei diesem Satz die Köpfe. War das zu viel Bier für eine Person? Hätte ich meinen Krug mit drei anderen teilen sollen?

Natürlich herrschte kein Krieg. Eine Hochzeit fand vor der Kirche statt. Das Hochzeitspaar lief, vom permanenten Blitzgewitter begleitet, Richtung Dorfplatzmitte. Hier kam es zum Höhepunkt der Fotografiererei. Ich filmte ein paar Szenen mit, trank genüsslich ganz allein aus meinem Krug und erstattete meiner Frau Bericht.

Trotz Schatten und kaltem Bier war die Hitze unerträglich. Ich trank aus und ging in die Kirche. Die angenehme Kühle ließ mich verweilen und ich filmte alles Sehenswerte.

Anschließend ging ich in mein Zimmer und las bis zum Abendessen. Das Pilgermenü nahm ich in einem der Restaurants ein. Ein spanischer Pilger bot mir einen Platz an seinem Tisch an. Er war Geschichtslehrer und hatte Schwierigkeiten, sich in einer anderen Sprache zu unterhalten.

Auf dem Weg zurück kam ich wieder an der Apotheke vorbei.

Die Vitrine war speziell an die Pilgerbedürfnisse angepasst. Mir fiel direkt das Fenistil ins Auge und nun erinnerte ich mich auch. Es half bei Juckreiz durch Insektenstiche, Sonnenbrand oder leichte Verbrennungen. „Das nächstes Mal ...", sagte ich mir, jetzt konnte ich es schließlich nicht mehr kaufen und ging schlafen.

War das ein Zeichen gewesen, das ich zu spät erkannte?

Am nächsten Tag bekam ich meine Antwort.

16.
VON FRÓMISTA NACH
CARRIÓN DE LOS CONDES

„Die Menschen beurteilen alle Dinge nach dem Erfolg. Jeder sieht,
was du scheinst, und nur wenige fühlen, was du bist."
(Niccolo Machiavelli)

Das war eine der heißesten Nächte meines Caminos. Ich hatte Schwierigkeiten, einzuschlafen. Um 5:00 Uhr, mit einem Bein und beiden Armen außerhalb des Schlafsackes, erwachte ich. Im Badezimmer sah und spürte ich, dass in dieser Nacht Mücken über mich hergefallen waren.

„Uuh, chinches! Chinches de cama", sagten spanische Pilger bei meinem Anblick. Das kam mir seltsam vor. Bisher dachte ich, dass Mücken Moskito heißen und dieser Begriff international ist. Eine Neuseeländerin belehrte mich vor dem Verlassen der Albergue:

„You know, chinches are bed bugs, not mosquitos!"

„Chinches de cama" ist der spanische Name für Bettwanzen. Bis zu diesem Zeitpunkt wusste ich überhaupt nichts über Bettwanzen und ich hatte nichts dabei gegen Insektenstiche.

Ich lief auf der sogenannten „Pilgerautobahn". Da es hier damals zu vielen tödlichen Unfällen gekommen war, wurden die ersten 3,5 km mit zusätzlichen Begrenzungen/Pfosten ausgestattet, speziell für die Pilger. Nach verschiedenen Brücken und Kreisverkehren erreichte ich Población de Campos. 800 m länger war der Weg gewesen, den ich versehentlich gewählt hatte. Nach weiteren 17 km auf der „Pilgerautobahn" erreichte ich Villarmentero. Die Sonne brannte auf meinem Arm. Die Einstichstellen waren inzwischen rötlich verfärbt und schwollen stark an. Der Juckreiz war bestialisch. Auf dem Camino ist es gang und gäbe, dass man sich gegenseitig nach dem Befinden erkundigt und anschließend „Bon Camino" wünscht. Dieser Tag sollte völlig anders werden. Die Geschwindigkeit, mit der die Pilger an mir vorbeihasteten, war enorm. Es liegt bestimmt an der gefährlichen Strecke, beruhigte ich mich. Keiner interessierte sich für mich. Sogar die, die mich kannten, rannten an mir vorbei und gaben nur ein müdes „Hola" von sich. Nur schwer gelang es mir, eine junge Frau aus Ungarn anzuhalten, die an mir vorbeidüsen wollte:

„Verzeih mir, könntest du mir helfen? Hast du vielleicht Fenistil oder was Ähnliches?"

„Moment, ich muss überlegen … Ja! Ich habe sogar was Besseres, aber versuch es lieber in der Apotheke im nächsten Städtchen …", sagte sie und verschwand sofort. Ich war am Ende meiner Kräfte und ich hatte noch rund 5,5 km vor mir, von Villalcázar de Sirga bis Carrión de los Condes. Meine Füße taten weh und ich hatte starke Kopfschmerzen, die ich mit einer allergischen Reaktion auf die Bettwanzen assoziierte. Später wurde mir das bestätigt. Die Sonne brannte weiterhin direkt auf meine verunstalteten Arme, die noch mehr anschwollen. Für den letzten Kilometer brauchte ich 2½ Stunden.

Mir war schwindlig und ich war (mehr oder weniger) am Kriechen. 31 km hatte ich irgendwie hinter mich gebracht.

In meinem Guide las ich mit Freude, dass direkt am Ortseingang die Albergue del Convento de Santa Clara, eine traditionelle Pilgerunterkunft im Kloster gelegen, liegt. ‚Ich bin gerettet!', dachte ich mir. Mit Tränen in den Augen passierte ich das Tor. Alle Türen waren verschlossen. Auf einem Zettel in Handschrift las ich, dass man läuten müsse. Ich versuchte es ohne Erfolg.

Auf einer Treppe sitzend wartete ich. Nach einer halben Stunde kam ein Mönch. Ich stand auf und ging in seine Richtung. Als er mich sah, sprang er ein Stück zurück, in Gedanken sicher sagend: „Im Namen Jesu, verschwinde!" …

„Ich bin so fertig und brauche einen Platz zum Schlafen." In Englisch sagte er mir, dass ich verschwinden solle. Ich sei von Bettwanzen gebissen worden und ich hätte sicher noch blinde Passagiere in meinem Rucksack. Er wolle nicht, dass ich das ganze Haus „infiziere".

Der Typ sah, dass ich Tränen in den Augen hatte und kaum noch gerade stehen konnte vor lauter Schmerzen. Aber er verwies mich des Ortes. Mönch, Kloster … wo war mein Gott geblieben? Mir blieb keine andere Wahl, ich musste gehen.

Ich war froh, als ich die nächste Albergue sah. Dieses Glücksgefühl war nur von kurzer Dauer. Auch hier begegnete man mir mit der gleichen Abscheu wie zuvor. Zum zweiten Mal schon wurde ich abgewiesen, weil ich so aussah, wie ich aussah.

Im Zickzack kriechend erreichte ich das Zentrum des Städtchens. Ich sah zwar bekannte Gesichter, war aber nicht mehr in der Lage, mich mit jemandem zu unterhalten.

Auf dem Weg fand ich die ersehnte Apotheke. Zu meinem Pech wollte ich sie an einem Sonntag aufsuchen. Daran hatte ich natürlich nicht gedacht. Ich wusste nicht mehr weiter. Ein älterer Herr gab mir den Hinweis, wo eine zweite Apotheke zu finden sei.

„Vielen Dank, aber heute ist doch Sonntag!"

„Ja schon, aber der andere Apotheker müsste Notdienst haben. Versuch es einfach!"

Mit neuer Hoffnung machte ich mich auf den Weg und läutete beim Eintreffen. Ein kleines Fenster wurde geöffnet und als der

Apotheker mich sah, schreckte er zurück:

„Chinches! Juckt fest, nicht wahr?", meinte er.

„Ich kann es kaum aushalten", erwiderte ich.

Er gab mir eine Tube mit einem Antiallergikum in Form von Creme. Ich erzählte ihm, dass man mich aus zwei Albergues rausgeschmissen hatte und ich nicht wisse, wo ich übernachten solle.

„Wie du momentan aussiehst, hast du keine Chance, irgendwo unterzukommen. Du könntest es in einem der Hotels versuchen", war sein Ratschlag. Auf einer Bank vor der Iglesia de Santa Maria del Camino begann ich, mich zu „verkleiden". Ich zog meinen Hut an, meine kurzen Hosen wurden lang und mein Badetuch bedeckte meine Schultern und meine Arme. Nur meine Finger waren noch sichtbar. Nach einem weiteren Fehlschlag in einem Hotel fand ich einen dunklen Eingang in das Hostal – Hospederia Albe.

Ich klopfte und läutete, aber nichts passierte. Ich wollte gerade den Gang verlassen, als mir eine Nachbarin zurief, dass ich kurz warten solle, sie würde die Hospitalera anrufen.

Nach einer Weile öffnete sich die Tür und eine Dame kam heraus.

„Was wünschen Sie?", fragte sie. In diesem Dämmerlicht war es unmöglich, mein wahres Aussehen zu erkennen.

„Ich brauche ein Zimmer für eine Nacht", sagte ich.

„Sie sehen aus wie ein Pilger. Albergues befinden sich am Ortseingang …"

„Nein! Ich suche ein Hotel und bin hier gelandet. Ich habe genug von Albergues!"

„Na ja, hier kostet ein Zimmer ab 48 Euro aufwärts."

„Spielt keine Rolle. Ich nehme es. Hier haben Sie einen Hunderter."

„Das Zimmer wird erst in zwei Stunden fertig sein und ich kann nicht auf hundert rausgeben."

„Könnten Sie all meine Sachen waschen, 90° wenn möglich. Meinen Rucksack auch, bitte."

„Ja, aber das kostet extra."

„Machen Sie es einfach und den Trockner zahl ich auch. Den

Rest geben Sie mir einfach morgen."

„Bitte einen Moment warten ...", verschwand sie kurz und kam mit ihrem Ehemann und ihrem Sohn zurück.

„Was wünschen Sie? Meine Mutter hat nicht ganz verstanden, was Sie wollen", fragte ihr Sohn.

„Ich habe gerade deiner Mutter erklärt, dass ich ein Zimmer brauche und dass ich gerne auch noch einen Wäsche-Dienst in Anspruch nehmen möchte, Waschen und Trocknen. Außerdem würde ich gern hier irgendwo warten, bis das Zimmer verfügbar ist." Dann redeten sie miteinander und ihr Sohn sagte:

„Kein Problem. Folgen Sie bitte meiner Mutter in den Aufenthaltsraum. Hier können Sie sich frisch machen und warten."

„Den Wi-Fi-Schlüssel erhalte ich auch?"

„Der ist auf einen Zettel gedruckt, neben dem Tischtelefon."

„Vielen Dank!", sagte ich und folgte der Dame in den Aufenthaltsraum. Hier zog ich mich komplett aus und zog nur meine Regenhose an. Sie brachte mir das Restgeld und nahm dann alle meine Sachen mit in die Wäschekammer.

Ich chattete in der Zeit mit meiner Frau, erzählte ihr, was mir widerfahren war. Beide, meine Frau und mein Schwiegervater, sagten, ich solle so schnell wie möglich nach Hause kommen.

Das kam für mich nicht in Frage. Vor meiner Abreise hatte ich meine Schwiegereltern gebeten, während meiner Abwesenheit auf meine Familie zu schauen. Ich hatte alle Kosten für die Reise zu uns übernommen. Somit hatte ich meine Familie nicht im Stich gelassen, wie manche vielleicht meinen.

Ich konnte mich nicht erinnern, wann ich auf der Couch eingeschlafen war. Ich erwachte, als ich spürte, dass jemand meine Schulter berührte. Mein Zimmer war vorbereitet und nach nur zehn Minuten bekam ich meine Sachen gewaschen und fast trocken zurück. Ich hatte eine Wäscheleine dabei, die ich quer durch das Zimmer zog, hängte meine Sachen auf und ging dann duschen. Erst jetzt sah ich das Ausmaß der Bisse. Angefangen an der linken Hand führte eine Linie bis nach oben zur Schulter, schlängelte sich dann hinter und auf dem Ohr weiter, erreichte meinen Nacken, das rechte Ohr, die Schulter und endete schließlich vorne an der rechten Hand. Außerdem waren meine linke

Gesichtshälfte und das linke Bein bis zum Knie betroffen. Der Apotheker hatte mir den Hinweis gegeben, die Sonne komplett zu meiden. Wie sollte ich denn das anstellen? Morgen wollte ich meinen Weg direkt fortsetzen. Ich versorgte meine Bisswunden und die Wunden und Blasen an den Füßen. Erschöpft schlief ich danach auf dem Bett ein. Kurz vor 19:00 Uhr erwachte ich. Die Bisswunden juckten so stark, dass ich mich am liebsten mit einer Drahtbürste gekratzt hätte. Ich hatte großen Hunger und checkte durch das Fenster die Wetterverhältnisse. Natürlich schien die Sonne noch und so huschte ich von einem Schattenfleck zum nächsten.

Im ersten Restaurant wartete ich eine halbe Stunde, wurde aber nicht bedient. Also ging ich in das nächste. Dort war viel los und alle Neuankömmlinge um mich herum wurden höflich aufgenommen. Nur ich erhielt keinerlei Beachtung, genau genommen machte man einen großen Bogen um mich. Handzeichen halfen mir nicht weiter und so gab ich nach einer Stunde auf.

Ziellos lief ich umher und betrat am Ende der Ortschaft eine Bar. Sie wirkte sehr verwegen, vergleichbar mit einer Bahnhofskneipe, die ihre täglichen Besucher mit Alkohol versorgt. Ich nahm das erst im Nachhinein richtig wahr. Der Hunger, die Erschöpfung und die bisherige Abweisung machten mich blind.

Ich ging direkt auf den Barmann zu und fragte ihn nach Essen. Er sah mich nur kurz an und meinte, er habe nichts.

‚Fuck, das Arschloch will mich auch nicht bedienen', dachte ich und schlug mit der Faust auf den Tresen. Plötzlich herrschte totale Stille um mich herum. Alle Gespräche waren verstummt und alle starrten mich an. Das waren wirklich seltsame Gestalten, aber ich in meiner Aufmachung war der König der Komischen: großer Hut, Brille, glänzendes Gesicht, dank der Salbe, Poloshirt, ein orangefarbenes Badetuch über Schultern und Armen, dazu die Regenhose und Badelatschen.

„Sorry, ich habe Hunger und kriege nirgendwo was zum Essen …" Ich war noch nicht fertig mit meinen Ausführungen und er kramte schon die Menükarte hervor. Ich nahm sie und fragte, ob ich das erste Menu bestellen könnte.

„Nö, hamma net!"

„Was ist mit …?“

„Nee!“

„What the fuck?! Was hast du denn?“, fragte ich sichtlich angespannt.

„Ich habe leider nichts mehr.“

„Willst du mich etwa verarschen?! Fuck, Mann, ich habe Hunger und niemand will mich bedienen …“

„Warte mal …“, verschwand er nach hinten in einem Raum, der einer Küche ähnlich war. Das erinnerte mich an Indonesien. Vor ein paar Jahren machten meine Frau und ich einen Monats-Trip in dieses Land. Nur der Flug war gebucht, sonst alles offen. Vor Ort fanden wir ein Zimmer in einer kleinen Villa in C-Form. In der Mitte war ein schöner Garten mit Palmen und Plumeria-Bäumen (Frangipani). Die Anlage hatte keinen Pool, aber das spielte für uns keine Rolle. Wasser gab es hier genug, der Indische Ozean direkt vor der Tür.

Eines Tages fragten uns unsere Nachbarinnen, eine lebte schon ewig in Indonesien und hatte chinesische und balinesische Wurzeln, und ihre Freundin, eine niederländische Studentin, die vor Ort tropische Medizin studierte, ob wir Lust hätten, die lokale Küche auszuprobieren. Sie kannten ein gutes Lokal, frei von Touristen, ein sogenannter Insidertipp. Als wir dieses Lokal erreichten, schien das Gebäude unfertig zu sein. Staubige Gartenmöbel aus weißem Plastik warteten im Inneren auf uns. Eine Holzkarre auf zwei Rädern diente als Theke und war gleichzeitig der Stauraum für das gesamte Geschirr. Die sogenannte Küche war außerhalb auf zwei Plätze verteilt. Auf einem Kohlenfeuer befanden sich verschiedene Töpfe und ein paar Schritte weiter wurde in einer Plastikwanne das ganze Geschirr gewaschen. Ich bestellte mir an der Theke eine Mangoldsuppe und einen gegrillten Red Snapper, welchen ich mir vorher in einer der vielen Kühlboxen aussuchen durfte. Die ganzen Fische waren noch fröhlich am Schwimmen bis der Tellerwäscher zur Tat schritt. Anschließend wurden die Fische in ein passendes Grillgitter gesteckt und auf den Grill gelegt. Staubige Plastikmöbel, mit Öl verschmierte Wände und Böden, aber das Essen schmeckte köstlich und kostete kaum etwas. Draußen formierte sich bereits eine

Warteschlange. Das Lokal war sehr gut besucht.

Am nächsten Tag wollten wir um die Mittagszeit erneut das Essen genießen. Dort angekommen, stellten wir entsetzt fest, dass das Lokal verschwunden war. Stattdessen gab es dort nun eine komplett ausgestattete Autowerkstatt. Später erzählten wir das Ganze unserer Nachbarin, die in Gelächter ausbrach:

„Natürlich ist das tagsüber eine Werkstatt, erst am Abend wird das ein Restaurant …"

Die Küche hier sah auch so aus, nur dass sie nicht unter freiem Sternenhimmel stand.

„… Eier und Kartoffeln hätte ich noch."

„Perfekt! Pommes mit Spiegeleier kannste machen?"

„Kein Problem. Was zum Trinken?"

„Ein großes Bier …", und ich konnte schon spüren, wie sich der Speichel im Mund bildete.

„So eines?", zeigte er mir ein Glas, welches ein wenig größer war als die Plastikbecher der öffentlichen Kaffeeautomaten. Die meisten tranken aus noch kleineren Gläsern.

„Nein, das Vierfache von dem!"

„Ah, ich weiß … Oktoberfest, nicht wahr? Ich hab mal in Deutschland gearbeitet."

„Perfekt! Danke! Ich warte dann draußen." Sein Lebenslauf interessierte mich nicht im Geringsten.

Das war zum Glück glimpflich ausgegangen. Mein Ausraster hatte niemanden veranlasst, ein Messer hervorzuholen oder mit Fäusten auf mich loszugehen.

Die Spiegeleier, der Berg fettige Pommes, dazu der Bierkrug ließen mich meinen Sieg spüren. Ich hatte Essen und Trinken und würde die Nacht gut schlafen.

Erkenntnis des Tages:
„Beurteile Menschen nicht nach ihrem Aussehen!"

17.
VON CARRIÓN DE LOS CONDES NACH TERRADILLOS DE LOS TEMPLARIOS

„Ich habe mich kaum je unter den Menschen so fremd gefühlt als gegenwärtig, oder ist es eine Täuschung durch Vergessen? Das Schlimmste ist, dass nirgends etwas ist, mit dem man sich identifizieren kann. Alles brutal und verlogen." (Einstein)

Mein Smartphone holte mich um 4:45 Uhr aus dem Schlaf und bereits um 5:15 Uhr stand ich auf der Straße. Es musste so früh sein, weil mich die Meseta erwartete, eine schattenlose Ebene, die es in sich hat. Die nächsten 18 km bis Calzadilla de la Cueza würden eine Herausforderung für Körper und Geist werden.
Ich war vorbereitet. Vier Liter Wasser, zwei Äpfel, eine Banane

und zwei Schokoriegel aus dem Automaten. Ich trank noch eine Coca-Cola als Kaffee-Ersatz.

Die Antiallergikum-Creme in Verbindung mit einer Ibuprofen-Tablette brachten Linderung und eine gute Prophylaxe für das Kommende.

Zum Schutz gegen die Sonne trug ich meinen Sombrero und warf mir mein Badetuch über die Schultern. Langarmige Shirts gehörten nicht zu meiner Ausrüstung.

Auf der Strecke lernte ich eine junge Südkoreanerin, die in Paris studierte, kennen. Sie trug UV-Schutz-Kleidung, sogar Handschuhe. Später sah ich noch weitere Asiaten so gekleidet.

Sie war komplett verzweifelt, neben der Spur, könnte man sagen. Sie stand im Konflikt mit der koreanischen Tradition, ihren Freunden, mit ihren Eltern, die nicht verstehen konnten, warum sie in Europa studiert. Als ich sie fragte:

„Und, alles okay bei dir?", zog sie gelangweilt einen Kopfhörer aus dem Ohr und murmelte so was wie: „Hää?!"

„Sorry, aber du läufst so schlängelig. Wollte nur wissen, ob bei dir alles in Ordnung ist."

Sie scannte mich mit einem scharfen Blick, kippte den Kopf in Schräglage und fragte: „Was kümmert dich das? Bist du etwa so ein Perversling als Pilger getarnt oder was?"

„Ich wollte nur helfen ...", und ging weiter. „So eine freche Göre!", dachte ich mir.

„Hey du! Warte mal ... Woher kommst du?"

Ich blieb stehen: „Aus Österreich."

„Schööön! Ich war in Salzburg. Sehr schön. Kommst du aus Salzburg oder Vienna?"

„Österreich besteht nicht nur aus Vienna und Salzburg ... Aus Vorarlberg, das ist der westlichste Teil, direkt an der Schweizer Grenze."

„Schweiz, sehr schön. Ich war auch in Zürich."

Wir plauderten eine Weile und kurz vor Ledigos bat sie mich, stehen zu bleiben, und entschuldigte sich mit Tränen in den Augen für ihr unmögliches Verhalten am Anfang. Sie bedankte sich außerdem bei Gott, dass er mich auf ihren Weg gebracht hatte. Ich hätte ihr die Augen geöffnet und ihrem Leben einen Sinn gegeben.

Boah … das war heftig! Entweder sie stand unter Drogen oder sie wollte mich einfach nur veräppeln. Aber nein, sie meinte es tatsächlich ernst. Ich sah es ihr an.

Shit! Jetzt komme ich mir vor wie ein Heiliger.

Das gleiche erlebte ich noch weitere drei Male auf dem Camino. Menschen, die plötzlich glücklich waren, nachdem sie sich mit mir unterhalten hatten. Sie strahlten vor Freude.

Sie wussten nun, sahen einfach ganz genau, was sie zu tun hatten. Vielleicht war ich die richtige Person zum richtigen Zeitpunkt, am richtigen Ort, um das richtige Ventil zu öffnen. Auf jeden Fall hatten meine Äußerungen eine positive Auswirkung auf diese Mitmenschen.

Die Südkoreanerin blieb in Ledigos, um eine Pause zu machen. Ich ging weitere 3,5 km bis zur Albergue de los Templarios, auf der linken Seite direkt am Ortseingang von Terradillos de los Templarios gelegen, und entschied mich, hier zu bleiben. Eine saubere, sehr geräumige private Herberge mit 34 Betten in 7 Schlafsäle unterteilt. Nach dem Einchecken genoss ich eine Dusche, aß ein Stück Kirschtorte und trank einen frisch gepressten Orangensaft. Als ich fertig war, legte ich mich ins Bett und machte Siesta.

Am späten Nachmittag drehte ich eine Runde ums Haus. Die Hitze war kaum auszuhalten. Auch um 18:00 Uhr war sie noch unerträglich.

Ich sah das dänische Ehepaar, das ich in der für mich sogenannten „Horror-Albergue" in Frómista kennengelernt hatte, und den spanischen Geschichtslehrer, der mir einen Platz an seinem Tisch im Restaurant anbot. Er war ebenfalls in der Albergue von Bettwanzen gebissen worden. Es waren nur wir beide betroffen, die Schlafenden in den Betten um uns herum und zwischen uns blieben verschont. Der Spanier sah im Vergleich zu mir fast normal aus, kaum noch sichtbare Spuren. Bei ihm kam es zu keiner allergischen Reaktion.

Während ich mein Menú de Peregrino aß, sah ich die Dänin auf mich zukommen.

„Ich feiere meinen 38. Geburtstag und würde mich freuen,

wenn du kommen würdest."

„Sehr gern ... aber ich bin nicht vorbereitet ..."

„Bitte komm einfach und bring gute Laune mit."

„Ich werde kommen. Wo genau muss ich sein?"

„Wir dachten, dass die Terrasse passen würde."

„Okay. Bis später."

Ich kaufte im Anschluss eine kleine Packung Pralinen für das Geburtstagskind und begab mich zur Terrasse, die bereits vorbereitet war. Ich nahm Platz und neben mich gesellte sich grinsend die Südkoreanerin. „This man is a special one", sagte sie mit ernster Miene zu den anderen.

Zwei Frauen aus Deutschland und ein Sales Manager aus Madrid kamen dazu. Wir erfuhren von dem dänischen Paar, wie sportlich sie waren und was für Sportarten sie betrieben. Sie war in diesem Jahr als Nationalmeisterin im Gewichtheben ausgezeichnet worden und er macht regelmäßig Triathlons. Wir alle waren sprachlos.

„Ja, aber du bist irgendwie so dünn? Wie kommst du auf Gewichtheben? Und mit 38? Wahnsinn!", sagte eine der deutschen Frauen, eine Grundschullehrerin.

„Dahinter steckt bestimmt ein Trick", sagte der Spanier.

„Genau. Es ist die Technik! Das Eigengewicht spielt nur eine sekundäre Rolle. Ach so, und ich nehme teil an Senioren-Wettbewerben."

„Seniorin mit 38? Krass. Ich, mit meinen 54, muss dann wohl an Wettbewerben für Greise teilnehmen, oder?", fragte der Spanier und drehte sich danach zu mir:

„Ich arbeite auch für eine österreichische Firma. Auch in der IT."

„Du sagtest aber was von Sales ..."

„Ja, ich bin General Sales Manager für diese österreichische Firma in Spanien. Wir verkaufen Onlinevideoplattformen für Medien und Marketing."

„Und, bist du zufrieden mit dem, was du tust?"

„Ich könnte mir was anderes vorstellen ... eher Menschen zu helfen."

„Du als Verkäufer, was willst du tun außer Verkauf? Coaching oder so?", meinte ich sarkastisch.

„Genau. Coaching würde mir liegen. 30 Jahre Verkaufserfahrung, die Connections hätte ich schon ..."

Auf dem Camino waren viele unzufrieden mit dem, was sie taten. Hier gewann man Abstand vom Alltag und konnte so die Situation, in der man lebte, besser erfassen und aus einem anderen Winkel betrachten. Viele wünschten sich für die Zukunft eine soziale Aufgabe, einfach mit Menschen für Menschen zu arbeiten.

18.
VON TERRADILLOS DE LOS TEMPLARIOS NACH BERCIANOS DEL REAL CAMINO

„Der beste Weg, einen Freund zu haben, ist der, selbst einer zu sein." (Ralph Waldo Emerson)

Die übliche morgendliche Routine: 5:00 Uhr aufstehen und nach 20 Minuten schon unterwegs. Das dänische Paar war noch früher aus dem Haus. Nach ca. 6 km, kurz vor San Nicolas, überholte ich sie dennoch. 7,5 km später, kurz vor Sahagún, überholte mich dann eine der deutschen Frauen.

In Sahagún befindet sich eine Tafel mit der Information, dass in dem Ort die Mitte des Caminos ist. Das hieß also, dass ich die

Hälfte des Weges nach Santiago hinter mich gebracht hatte. Ab Calzada del Coto gibt es zwei Alternativen zum Weitergehen. Ich entschloss mich, die Calzada Romana zu nehmen, nur 700 m länger ist als der Hauptweg, dafür umso schöner und weit weg von der Autobahn gelegen. Der einzige Nachteil ist, dass es auf dieser Strecke wenig Schatten und kein Wasser gibt. Auf dem Weg traf ich beide deutschen Frauen und den spanischen Manager, mit dem ich bis nach Bercianos gemeinsam weiterlief. 24 km hatte ich in etwa zurückgelegt und beschloss, hier zu übernachten. Die Albergue de Peregrino Bercianos ist ein renoviertes Gebäude, welches bewusst im mittelalterlichen Stil erhalten wurde, und ist nach Information der Hospitaleros ein paar hundert Jahre alt.

Aus Mangel an Bausteinen sind die Häuser mit Adobe (luftgetrocknete Ziegel aus Lehm, mit Stroh als Füllstoff) gebaut. Die meisten sind zum Teil verfallen. In der Albergue gab es vier Hospitaleros, zwei Männer und zwei Frauen.

Da es keine Waschmaschine gab, musste ich einige Sachen per Hand waschen. Ich ging auch wieder filmen. Die verfallenen Häuser musste ich einfach festhalten. Ich entdeckte einen Kleinbus aus Dresden hinter dem Haus. Bei einer kurzen Unterhaltung mit dem Leiter der deutschen Gruppe, einem DDR-Nostalgiker, erfuhr ich, dass sie den gesamten Camino mit dem Bus bereisten. Er lachte mich an: „Wir sind doch nicht plemplem, so viele Kilometer zu Fuß zu laufen … Ha, ha, ha …"

Okay, also gehörte ich anscheinend auch zu dieser Sorte Mensch.

Während ich meine Klamotten vom Wäscheständer nahm, sah ich einen jungen Latino auf einem Gartenstuhl sitzen, der in einem Buch über NLP (neurolinguistisches Programmieren) las.

„Hallo. Würdest du bitte was für die Kamera sagen. Es ist eine Art Videotagebuch", sprach ich ihn an.

„Kein Problem. Soll ich stehen oder kann ich sitzen bleiben?"

„Du kannst gern sitzen… ganz kurz was über dich, woher du kommst und was dich bewegt hat, diesen Weg zu machen …"

Ich erfuhr, dass er 24 Jahre alt ist, aus Orlando, Florida. Er wurde aber ursprünglich in Peru geboren und ist Rapper.

Er schreibt alle seine Songs selber. Er erzählte mir klischeehaft, dass er an einem Scheideweg in seinem Leben angelangt sei, an dem er nicht mehr weiter wüsste, und so ging er nach Europa. Erst in den Niederlanden hatte er vom Camino erfahren und sich dafür entschieden.

Am Abend kochten alle Pilger gemeinsam. Viele bekannte Gesichter konnte ich sehen. Pilger, die ich auf dem Weg oder in anderen Albergues flüchtig kennengelernt hatte. Wir sangen und tranken gemeinsam Wein. Nach dem Essen genossen wir auf einem Hügel hinter dem Haus den Sonnenuntergang. Über uns flog ein Schwalbenschwarm hin und her. Jeder berichtete über seine bisherigen Erfahrungen vom Camino. Ich hielt mich zurück. Mir war nicht nach Reden zumute, aber ich genoss das Zuhören. Ein Mann erzählte eine rührselige Geschichte auf Spanisch, die vielen Tränen in die Augen trieb. Ich verstand sie leider nicht. Die zwei Hospitaleras begannen, zu singen. Als die Sonne verschwand und der Himmel sich tiefrot färbte, weinten die beiden französischen Frauen. Ich hatte schon unzählige Sonnenuntergänge erlebt, dieser hier war mit keinem vergleichbar. Wunderschön.

Kurze Zeit später gingen alle zu Bett. Ein weiterer Tag neigte sich dem Ende zu, in der Mitte des Caminos.

19.
VON BERCIANOS DEL REAL CAMINO
NACH MANSILLA DE LAS MULAS

„Niemand ist nutzlos in dieser Welt, der einem anderen die Bürde leichter macht." (Charles Dickens)

Meine heutige Etappe sollte nicht länger als 30 km werden. Ich peilte als Ziel Mansilla de las Mulas an. In El Burgo Ranero machte ich eine Pause, blieb vor einer Bank stehen, aß eine Banane und einen Schokoriegel. Auf einmal, wie ferngesteuert, mit dem Camcorder in der Hand, drehte ich mich in Richtung einer Baumgruppe und zoomte einen bestimmten heran. In der Rinde sah ich einen Umriss, der einer Madonna gleichkam. Was hatte das nun wieder zu bedeuten? Eine weitere Botschaft, die ich nicht entschlüsseln konnte. War ich noch nicht reif genug? Vielleicht war es nur ein Zeichen, dass ich mich auf dem richtigen Weg befand? Ich hoffte, dass ich am Ende meiner Reise auch zwischen den Zeilen lesen könne.

Ich fand eine Consultorio Médico (Arztpraxis), die geöffnet war. Drei ältere Frauen warteten vor mir. Sollte ich bleiben oder doch lieber gehen? Es war so heiß.

Ich stand direkt im Eingang und beobachtete draußen zwei Männer, die ihre Verkaufsstände auf dem Platz errichteten. Diese schwarz-weiß gemusterten Kleider, die sie anpriesen, waren wahrscheinlich gleich nach Kriegsende Mode gewesen und sprachen jetzt höchstens noch das weibliche Klientel ab 70 an.

Ich sah zwei kleine Buben auf dem staubigen Boden sitzend, direkt im Schatten eines einsturzgefährdeten Daches, wie sie ein paar Karten mit Fußballspielern austauschten. Einer hielt den anderen im Arm, wie richtige Freunde. Gute Freunde, das war mir eher unbekannt.

Ich arbeitete früher für eine deutsche Chemie-Firma, die sechs Mitarbeiter hatte, und verdiente sehr gut. Diese Firma löste sich auf und kehrte nach Deutschland zurück, als ich gerade anfangen wollte, Geld zu sparen. Spaß beiseite, eine Tatsache ist, dass ich nie mit Geld umgehen konnte. Keine Ersparnisse, aber zum Glück hatte ich ein Auto, das ich später zu Geld machen konnte.

Ich erfuhr, dass ganz in der Nähe mein damaliger Begleiter, mit dem ich nach Österreich gereist war, wohnte, und so entschied ich mich, ihn zu besuchen. Vor zwei Jahren hatten wir uns aus den Augen verloren. Er war immer eifersüchtig auf mich gewesen, hielt mich für eingebildet und war nicht sonderlich begeistert, aber dafür neidisch, als er mich sah. Er hatte wahrscheinlich gehofft, dass ich irgendwo in der Pampa leben würde oder sogar zurück in die alte Heimat geschickt worden war. Er teilte sich eine Zwei-Zimmer-Wohnung zusammen mit zwei Männern und zwei Frauen. Die Männer arbeiteten gemeinsam in einem Stahlbau-Werk. Er bot mir einen Platz zum Schlafen an. Ich hatte keine andere Wahl, so kurz vor Weihnachten, und nahm sein Angebot an. Nachdem ich mein Auto verkauft hatte, erhöhte sich nicht nur mein Kontostand, sondern auch die Anzahl meiner Freunde.

Jeder wollte, dass ich ihm Geld lieh. Es folgte ein Leben in Saus und Braus. Fast jeden Abend waren wir in der Disco bis zum frühen Morgen. Einer der Männer hatte ein Auto, aber keinen Führerschein. So übernahm ich alle Fahrdienste. Kurz vor dem Frühling war ich erneut pleite. Nach und nach bat ich alle um die Zurückzahlung meiner ausgeliehenen Gelder. Ich bekam Antworten wie „Woher soll ich das Geld jetzt nehmen? Ich hab es meiner Familie geschickt. Musst du wohl Geduld haben, bis ich mein Urlaubsgeld kriege …" oder „Jetzt ist kein guter Zeitpunkt, beim nächsten Gehalt vielleicht …"

Ich hatte jede Menge Geld und dieses in Freundschaften „investiert", war aber trotzdem pleite. Es folgte ein Tief, vermutlich eine Depression, und ich verlor 18 kg in weniger als zwei Wochen. Ich wog unter 50 kg. Ich war nur noch Haut und Knochen, zu nichts zu gebrauchen. Ich verließ die WG zusammen mit einem der Männer und teilte mir mit ihm die Miete für ein Einzelzimmer in einer Pension. Zwei Monate später forderte ich erneut mein Geld zurück und bekam in Form von Worten die Krönung. Eine Frau, die auch aus meiner damaligen Heimatstadt stammte, meinte zu mir: „Du kamst in unsere Stadt, im Anzug und mit Aktenkoffer. Jetzt bist du ein Nichts, ein Nichts … Wärst du lieber verreckt, als du krank warst!"

Ich bereute zum Glück nichts. Die daraus resultierende Lehre kann man nicht besser als mit diesem Spruch beschreiben:

„Falsche Freunde sind wie eine akute Blinddarmentzündung: Am besten entfernt man sie sofort, aber es bleiben Narben zurück und eine gewisse Leere dort, wo sie einmal waren."

Wie es schien, war die Freundschaft der kleinen Jungen noch echt.

Nach 1½ Stunden war ich endlich an der Reihe.

„Kommen Sie rein!", hörte ich eine Stimme rufen.

Eine Ärztin und ihre Helferin empfingen mich:

„Was haben Sie für Beschwerden? Woher kommen Sie? Haben Sie eine Auslandsversicherungskarte?"

„Ich komme aus Österreich. Hier ist meine E-Card …"

„In Ordnung. Brauche ich nicht. Wo tut es weh?", fragte die Ärztin.

„Bettwanzen … Chinches!", sagte ich.

„Ah, ich sehe. Terrible … Ich schreibe Ihnen ein Antibiotikum auf!"

„Was schulde ich Ihnen?"

„Nichts! Das passt schon … So eine allergische Reaktion habe ich noch nie gesehen. Nehmen Sie diese antiseptische Wundcreme auch noch mit. Gute Besserung!"

Ich bedankte mich, verließ die Praxis und ging meines Weges.

Direkt beim Eintreffen an meinem heutigen Ziel, in Mansilla de las Mulas, führte mich mein erster Gang in die Apotheke. Anschließend bezahlte ich ein Bett in der Albergue Municipal de Peregrinos. Wie immer duschte ich, kümmerte mich um die Wäsche und pflegte meine Füße.

In Gedanken versunken, saß ich zusammengekauert auf einem Gartenstuhl. Auf einmal hörte ich eine unbekannte Frauenstimme meinen Namen rufen. Es war die Hospitalera.

„Hey, was ist los? Was hast du für ein Problem? Warum so traurig?"

„Wie konntest du dir meinen Namen merken? Es sind so viele Pilger hier? Du redest Deutsch …" Mann, war ich überrascht.

Sie hatte meinen Pilgerpass nur kurz gesehen, aber das hatte ihr anscheinend gereicht.

Ich zeigte ihr mein rechtes geschwollenes Bein und die Wanzenbisse.

„Scheiße! Richtig? Shit ist Scheiße in Deutsch, oder?"

„Ja, das stimmt."

„Scheiße! Wo sind deine Schuhe? Hey, steh mal auf. Ich brauche diesen Stuhl!", wandte sie sich an einen jungen Pilger und jagte ihn von seinem Stuhl. Anschließend nahm sie mein Bein, legte es auf den Stuhl, brachte irgendeine gefrorene Gemüsetüte aus dem Kühlfach und legte diese darauf. Dann ging sie meine Schuhe suchen. Kam mit den verkehrten zurück.

„Sind das deine Schuhe?"

„Nein. Meine sind Löwa und ich habe sie irgendwo in die Mitte des Regals gelegt."

Sie fand die richtigen.

„Das ist scheiße! Scheiße, scheiße! Wer hat dir beigebracht, die

Schuhe so fest zu binden? Nicht gut!" Sie lockerte die Schnürsenkel und verschwand in der Waschküche. Sie reinigte tatsächlich meine Schuhe und stopfte sie anschließend mit Zeitungspapier aus. Dann kam sie wieder. „So, mach dich locker. Ich geb dir eine Massage."

„Ja, aber ..."

„Kein Aber, entspannen!"

Alle Pilger, die im Hof der Albergue waren, schauten zu. Nach der Massage kam ihr Freund zu mir und fragte mich, ob ich Akupunktur benötige.

„Du brauchst keine Angst zu haben. Ich habe das studiert und mache es seit Jahren."

„Wie viel verlangst du dafür?"

„Nichts! Du brauchst mir nichts zu geben. Ich will, dass es dir besser geht."

„Okay, dann sehr gerne."

Mit seinen sterilen Nadeln, frisch aus der Verpackung, stach er in alle energetischen Punkte am Oberkörper. Sogar direkt auf dem Kopf hatte ich eine Nadel.

Die Hospitalera machte Witze: „Jetzt wirst du einen besseren Handyempfang haben."

Ich sah das dänische Paar wieder und sie meinte: „Du schaust aus wie ein Teletubby ..."

Langsam fing ich an, mich besser zu fühlen. Ich kannte fast jeden. Der Rapper aus Orlando, die deutsche Grundschullehrerin, das dänische Ehepaar, der spanische Manager, sie alle waren hier.

Ich fühlte mich nicht mehr so fremd. Wir waren alle gleich, befanden uns im gleichen Boot.

Als die Hospitalera mir meine Bergschuhe zurückgab, hatten sie fast ihre ursprüngliche Form wieder. Sie erinnerte mich noch einmal daran, die Schnürsenkel nie zu fest zu binden, damit mein Fuß atmen kann.

Es folgte Siesta. Am Abend nach dem Essen chattete ich mit meiner Frau.

Meine Füße brannten immer noch so stark und ich wusste mir keinen Rat mehr. Ich ging zur Hospitalera. Sie sagte, dass ich mich auf die Couch legen solle, zog sterile Handschuhe an und inspizierte meine Füße genauer. Mit einem Skalpell bearbeitete sie meine Blasen, desinfizierte sie und verband anschließend alles.

„Gut, dass du Antibiotikum nimmst. Du solltest drei bis vier Tage pausieren."

„Nein, das kommt nicht in Frage. Ich werde meine Füße im Rucksack einpacken und weitergehen", zwinkerte ich ihr zu.

„Verrückter Pilger! Gesundheit ist wichtiger! Du musst doch niemandem etwas beweisen, oder? Und vor allem, das hier ist keine Challenge! Viele Pilger wollen das nicht kapieren."

Ja, sie hatte Recht. Das war keine Challenge, aber die meisten taten so, als wäre es eine. Die Spiritualität, der Geist des Caminos ging so verloren. Als ich zu Bett ging, rief sie mir hinterher: „Schone deine Füße …"

„Danke noch einmal. Das werde ich."

„Weißt du … Pilgern ist – Beten mit den Füssen –, die du noch brauchen wirst."

> **Erkenntnis des Tages:**
> *„Das Pilgern ist Gehen in der Gegenwart Gottes.*
> *Gehen ist gesund (man darf es nur nicht übertreiben, so, wie ich es tat).*
> *Pilgern ist der Weg, der unseren Geist in Bewegung bringt."*

20.
VON MANSILLA DE LAS MULAS NACH LEÓN

„Jede Begegnung ist eine Begegnung mit sich selbst." (Unbekannt)

Mit nur 19,73 km schien die heutige Strecke die kürzeste zu werden.

Ich passierte Orte wie Puente de Villarente und Arcahueja. Der Weg nach León mit seinem ständigen Auf und Ab wollte kein Ende nehmen. Hinter jeder Kuppe wünschte ich mir León herbei und hoffte, einen Blick darauf zu erhaschen. Ich überquerte eine Schnellstraße über eine blaue Metallbrücke, auf der viele ihr Dasein mit schwarzen Markern verewigt hatten. Auf dieser sah ich zum ersten Mal, seit ich Paris verlassen hatte, ein Werbeschild von McDonalds.

Ich befand mich in den kilometerlangen Industrieanlagen vor León. Viele Pilger umfahren diese mit dem Bus.

Jede Großstadt hat eine andere Art, den Camino zu markieren. Als ich eine im Boden eingelassene Muschel entdeckte, wusste ich, dass ich mein Ziel erreicht hatte. Es war noch früh und so fand ich die Tore der Benedictinas Santa Maria de Carbajal Albergue verschlossen vor. Über zwei Stunden wartete ich gemeinsam mit anderen Pilgern davor. Mehrere Hospitaleros nahmen uns in Empfang. Die Albergue liegt direkt im Zentrum, in der Nähe der Kathedrale, und verfügt über 142 Betten in 4 engen Schlafsälen. Nach der Registrierung mussten wir alle warten, bis wir in den jeweiligen Schlafsaal geleitet wurden. Das Bett suchte ich mir selbst aus. Nach dem ich mein eigenes und das Bett über mir nach Bettwanzen, ein Spanier hatte mir die Vorgehensweise in Bercianos erklärt, abgesucht und beide als gefahrlos eingestuft hatte, ging ich duschen. Meine Sachen zum Waschen übergab ich einem freiwilligen Hospitalero und ging in den Hof. Auf einem Regal befanden sich verschiedene Broschüren von Restaurants, Museen, Klöstern und Transportunternehmen, die das Gepäck der Pilger gegen Bezahlung von einem Ort in einen anderen bringen.

Ich sollte nicht über andere urteilen, aber ich konnte einfach nicht verstehen, wie man mit dem Bus fahren oder sein Gepäck transportieren lassen konnte. Das passte nicht zu meinem Bild vom Pilgern.

„Hey bro! My bed bug bro!", hörte ich jemanden hinter mir schreien. Ich drehte mich um und sah den Rapper aus Orlando. Er zeigte mir seine Bettwanzenbisse und erklärte mir lachend, dass wir jetzt so eine Art Blutsbrüder seien.

Eben, Bed Bug Bros. Eine Hospitalera brachte ihm einen starken Insektentöter und ein paar große schwarze Plastiksäcke, in die er seine Sachen reinstopfen sollte. Anschließend sollte er dann das tödliche Gas hineinsprayen und die Säcke für ein paar Stunden geschlossen halten.

„Hast du keinen Hunger? Ich wollte gerade in die Stadt gehen, die Kathedrale besuchen und was essen."

„Jetzt um die Zeit? Außer Eis kriegst du jetzt nichts zum Essen, am Abend vielleicht. Also nein danke. Ich bin sowieso gerade mit der Vernichtung der Killerwanzen beschäftigt. Muss schauen, ob ich irgendwelche Blindpassagiere in meinem Rucksack habe. Du könntest mir übrigens ein paar Tipps geben. Der Scheiß juckt wie Sau!"

„Die Bisse sind frisch ...", stellte ich nicht wirklich in Frage, denn ich hatte leider Erfahrung.

„Genau, heute Nacht hat man mich überfallen."

Ich gab ihm eine meiner Antiallergikum-Cremes, gab ihm ein paar Ratschläge und ging.

In der Stadt war nicht viel los. Siesta-Zeit eben.

León ist die Hauptstadt der gleichnamigen Provinz und war die Hauptstadt des Königreiches León. Die Römer hatten hier ein Truppenlager, ein sogenanntes Legio, woraus später León abgeleitet wurde. Viele Sehenswürdigkeiten machten diese Stadt berühmt: die gotische Kathedrale, das Casa de Botines (von Antonio Gaudí), die Basilika San Isidoro mit dem Pantheon der Könige. Ich hatte Zeit, also fing ich mit der Kathedrale „Santa Maria" an. Die Kathedralen Santa María de Regla und die von Burgos sind meines Erachtens die schönsten in ganz Spanien. Bemerkenswert sind die 125 Fenster der Kathedrale, meist 12 Meter hoch bedecken sie eine Fläche von 1800 m². Daneben gibt es noch 57 Öffnungen und Rosen und drei große Rosettenfenster, laut Broschüre. Auf jeden Fall sehr beeindruckend.

Nach dem Besuch ging ich in einen Outdoor-Shop. Der Verkäufer, der anwesend war, betrachtete meine in den Badelatschen steckenden Füße und schüttelte den Kopf.

„Du trägst die falschen Schuhe."

„Nein, ich habe andere ..."

„Ich meine nicht die Badelatschen! Deine Bergschuhe."

„Wie kannst du das wissen?"

„Deine Schuhe sind Gore-Tex, nicht geeignet für den Camino jetzt im Juli. Du ziehst sie zu fest an, das Blut kann nicht zirkulieren. Dein linker Fuß ist größer als der rechte und das hast du beim Kauf sicher nicht beachtet."

„Das heißt?"

„Das heißt, dass deine Schuhe zu klein sind."

„Mit Sherlock Holmes bist du aber nicht zufällig verwandt, oder?"

Der Typ war gut. Ich ließ mich beraten und verließ das Geschäft mit einer leichten Zipp-Off-Hose, die eine Seitentasche hatte, perfekt für meinen Guide, ab jetzt immer griffbereit am Bein, und einem Paar Outdoor-Sandalen.

Ich war zufrieden mit meinem Einkauf. Die Sandalen trug ich zwar bisher nur drei Mal, aber egal. Mit meinen neuen Sachen ging ich zur Albergue. Ich nahm das Buch „Die autorisierte Biografie von Steve Jobs" und las bis zum späten Nachmittag. Dann kam der Rapper aus Orlando auf mich zu:

„What's up, man? Schon was gegessen?"

„Nein. Eine Besichtigungstour habe ich gemacht. Und shoppen war ich auch noch."

„Jetzt hätte ich auch Hunger!"

„Na, dann lass uns gehen."

Wir fanden eine gemütliche Terrasse und aßen Pulpo a la Galega. Es gab verschiedene Arten von Krake. Wir wählten sie gegrillt mit Pommes, dazu tranken wir Apfelsaft. Es war sehr gut. Wir blieben nicht lang, zu müde waren wir, und gingen zurück zur Albergue. Auf dem Platz davor gab es ein Restaurant mit einer großen Terrasse, Musik dröhnte aus Lautsprechern und ausgelassene Gäste feierten. Ich fragte mich, wie ich bei so viel Lärm schlafen sollte.

21.
VON LEÓN NACH
HOSPITAL DE ÓRBIGO

„Gerade die einfachsten, die klarsten Ideen, gerade die sind meist
schwerer zu verstehen." (Dostojewski)

Um 5:00 Uhr erwachte ich ohne Schwierigkeiten. Gleich nach
der Morgentoilette wollte ich die Albergue verlassen, leider unmöglich. Die Tore öffneten erst um 6:30. Im Hof war schnell kein
Platz mehr vor lauter Pilgern. Alle waren früh wach, durch die
Betriebsamkeit der freiwilligen Hospitaleros. Ich hörte jemanden
schreien, dass im Essraum im ersten Stock Frühstück hergerich-
tet sei. Das klang gut. So konnte ich zumindest einen Kaffee genießen und gesellte mich zu den vielen Wartenden. Die meisten

Gesichter waren entspannt und von keinerlei Strapazen gekennzeichnet. Auch die Kleidung wirkte frisch und war noch nicht von der Sonne ausgebleicht. Vermutlich Neulinge, die bis León geflogen waren. Um 6:45 Uhr gingen endlich die Tore auf.

Wie die Stiere in Pamplona drängten wir alle gleichzeitig nach draußen. Ich nahm den Weg zur Kathedrale und dann, in einem Zickzackkurs durch verschiedene Gassen, kam ich zur Basilika San Isidoro. Nachdem ich den Fluss Bernesga überquert hatte, sah ich keine Wegzeichen mehr und blieb verunsichert vor einer Ampel stehen. Ein französischer Pilger kam auf mich zu und versuchte, mit einer Mischung aus Englisch und Französisch, mir klarzumachen, dass ich mich auf dem richtigen Weg befände.

„Ich bin schon einmal hier gewesen, vor zwei Jahren. Hier irgendwo gibt es einen Lidl-Supermarkt und dort müssen wir dann die Bahn überqueren."

Der Franzose klebte nun wie eine Klette an mir. Ging ich mit Absicht langsam, wartete er auf mich, erhöhte ich enorm das Tempo, keuchte er erschöpft, wich aber nie von meiner Seite. Nach 1½ Stunden passierten wir endlich das Ausgangsschild von León. Laut den Guides sollte es nun zwei Wegalternativen nach La Virgen del Camino geben. Es gab aber sicher mehr als vier. Wir waren schon Stunden auf verschiedenen Wegen unterwegs. Viele andere Pilger waren genauso verwirrt, Engländer, Russen, Spanier, sogar ein türkisches Ehepaar. Die spanische Gruppe war entsetzt: „Wir haben den besten und sogar den aktuellsten Guide und trotzdem haben wir den falschen Weg genommen." Ich war beruhigt, dass wir nicht die einzigen verlorenen Seelen waren.

„Das ist eine Prüfung! Gott will unseren Willen prüfen", meinte der glatzköpfige Franzose.

„Schon möglich. Aber warum denn? Ich sehe den gesamten Camino als eine Art Prüfung."

„Genau. Du hast Recht. So habe ich es noch nicht betrachtet ..."

Er war in etwa Ende vierzig, über einen Meter achtzig groß, so wie ich, schlank, mit langem weißem Vollbart.

Er erzählte mir, dass er aus Paris komme, Philosoph und Koch sei und dass er den Camino zum zweiten Mal mache. Er war fasziniert von O Cebreiro und freute sich auf diesen Ort, dem ersten galicischen auf dem Camino. Runde Backsteinhäuser mit Strohdächern sind das Markenzeichen.

„Warum machst du es wieder, aus Spaß?"

„Nein, nicht ganz. Beim ersten Mal musste ich herkommen …"

„Musste?!"

„Engel sagten mir im Traum, dass ich den Camino machen muss."

„Aha …" Mein Sarkasmus war nicht zu überhören.

„Du glaubst mir nicht, nicht wahr?"

„Doch, doch!"

„Du musst mir nicht glauben, aber das ist die Wahrheit. Hörst du keine Stimmen?"

„Noch nicht!" Ich musste schmunzeln.

„Nicht mal eine einzige Stimme?"

„Tut mir leid", verneinte ich. „Ist das jetzt schlecht?"

„Nein. Es gibt eben Menschen, die empfänglicher sind als andere."

„Vielleicht hast du Recht. Ich bin dafür noch nicht offen. Mal sehen, was die Zeit bringt."

„Schau, in den letzten zwei Jahren erschienen mir mehrfach Engel und sagten, ich solle auf den Camino zurückkehren. Das wollte ich nicht. Ich ignorierte die Stimmen und wurde krank. So krank, dass ich ins Krankenhaus musste. Die Ärzte untersuchten mich und sagten, dass ich komplett gesund sei."

„Waren das überhaupt richtige Ärzte oder Medizinmänner?"

„Klar waren das richtige Ärzte. Die Stimmen meinten, dass ich den Camino besuchen müsse und dann würde ich gesund werden."

„Wussten die Ärzte von deiner Erscheinung?"

„Nein, hab ihnen nichts erzählt. Ich höre übrigens nur die Stimmen und sehe sie nicht. Ich weiß einfach, dass es Engel sind."

Eine interessante Begleitung bereitete mir also auf dieser Etappe Vergnügen. Ich dachte nicht länger darüber nach. Warum sollte ich über ihn urteilen? Für ihn machte es Sinn und auch ich denke, dass Geschehnisse nicht reiner Zufall sind.

Wir verliefen uns noch zwei weitere Male.

Der Tag schritt voran und Hunger machte sich bemerkbar. Neben der Nationalstraße nach Valverde de la Virgen und Villadangos del Paramo befand sich ein sehr unansehnliches Motel mit Restaurant. Nicht nur das Motel, auch die Route war öd und eintönig und von einer unübertroffenen Hässlichkeit.

Laut dem Outdoor Guide von Joos und Kasper ist das nur für „ausgesprochene Masochisten, eingefleischte Autoliebhaber und Menschen, die auf dem Jakobsweg besonders große Sünden abbüßen wollen, zu empfehlen." Ich war weder der eine noch der andere. Der Franzose vielleicht?

„Hey young man, wo ist deine nette Begleitung geblieben?"

Ich drehte mich um, und siehe da, der Kanadier aus Alberta. Mit der Bandana und so braungebrannt sah er wie ein Pirat aus und ich hatte das Gefühl, dass er noch agiler aussah als beim Kennenlernen auf den Pyrenäen.

„Oh, hi! Jedem, den ich auf dem Camino treffe, erzähle ich von dir. Weiß du noch, deinen Spruch? Den habe ich weitergegeben ..."

„Welchen Spruch?"

„Everything is between your ears!"

„Ja, das stimmt! Aber der war für deine Begleitung bestimmt. Sie war diejenige, die Schwierigkeiten hatte."

„Ich weiß. Das hat mir aber auch sehr geholfen."

„Es ist gut, wenn er anderen hilft, auch wenn's nur ein Spruch ist."

Dann unterhielt er sich mit dem Franzosen. Ich verstand nicht ein Wort. Es war eine seltsame Kombination aus Dialekten, pariserisch und kanadisch.

Eine Weile spazierten wir gemeinsam. Auf einer Terrasse einer Albergue legte der Kanadier eine Rast ein. Er wollte überlegen, ob er dort bleiben oder bis Hospital de Órbigo gehen solle. Wir verließen ihn, denn für uns war klar, dass wir bis dorthin kommen wollten. Als wir die Römerbrücke über dem Fluss Órbigo überquert hatten, bedankte er sich bei mir, dass ich so viel Geduld gehabt hatte, mit ihm zu laufen, und er freute sich, dass er 40 km auf einmal gegangen war, das erste Mal in seinem Leben. Hochgerechnet mit den vielen verschiedenen Irrwegen kamen wir sicher auf diese Zahl.

Erneut ein Mensch, der sich bei mir bedankte für meine Begleitung. Das konnte kein Zufall mehr sein.

In Hospital de Órbigo angelangt, suchten wir die Albergue Parroquial Karl Leisner. Er kannte dieses Haus bereits aus seiner ersten Pilgerschaft. Es war sehr gemütlich. Er fragte mich, was ich gerne essen würde, und ging für uns einkaufen. Die Kosten teilten wir auf.

Er wollte gern für mich kochen, aber eine spanische Gruppe hatte die Küche für volle vier Stunden für sich beansprucht. Erst um 21:30 kochte er unser Mahl: Rinderfilet „Rossini", ein Gericht aus Rinderfiletsteaks, Kalbfleischabschnitten, Gänsestopfleber und Portwein.

Ich öffnete eine Flasche Wein dazu. Er hatte keine Lust, zu trinken, und da ich noch immer Antibiotikum nahm, schenkte ich die Flasche einem jungen Iren.

Kurz vor 23:00 rief mich eine bekannte Stimme: „Hey bro! My bed bug bro ..."

Der Rapper aus Orlando und ein deutscher Student waren anscheinend vor einer Stunde eingetroffen und begrüßten mich kurz. Der Franzose war längst schlafen gegangen. Ich konnte es ihm nicht verdenken, ich war auch ziemlich fertig.

Trotz Key war es mir nicht gelungen, eine Wi-Fi-Verbindung zu bekommen und mit meiner Familie zu chatten. Ich gab es irgendwann auf und ging ins Bad. Mitten beim Zähneputzen stürmte der Ire auf mich zu. Direkt vor mein Gesicht hielt er die leere Weinflasche und lallte voller Begeisterung: „Ey Mann, danke! Der Wein ist super! Noch nie so einen Wein getrunken!"

Mit dem Mund voller Zahnpasta erwiderte ich:

„Freut mich, Mann! Lass es dir schmecken."

Als ich schlafen ging, war die spanische Gruppe noch immer lautstark am Feiern. Die Spanier nahmen einfach keine Rücksicht. Das war auf dem gesamten Camino zu sehen. Auch hier war es, als würden sie sagen: „Der Camino gehört uns! Ihr seid zu uns gekommen. Wenn es euch nicht passt, dann ab zurück in die Heimat!"

Die Südkoreaner legten das gleiche Verhalten an den Tag, aber bei ihnen konnte man es entschuldigen. Schließlich vertragen sie einfach keinen Alkohol.

22.
VON ÓRBIGO NACH EL GANSO

„Besser ist es, hinkend auf dem rechten Weg zu gehen, als mit einem festen Schritt abseits." (Aurelius Augustinus)

An dem Morgen stand ich voll motiviert auf. Es waren nur noch 283 Kilometer bis nach Santiago de Compostela. Das Ziel war in absehbarer Nähe.

Der Rapper und ich packten unsere Sachen im Hof, um die Schlafenden nicht zu stören. Eine Cola aus dem Automaten ersetzte auch heute mal wieder den Kaffee, dazu eine Ibuprofen und das Antibiotikum.

Daheim in Österreich nahm ich weder Medikamente noch trank ich Alkohol.

Hier nahm ich täglich drei Ibuprofen und trank normalerweise eine Flasche Wein (außer mit zusätzlichem Antibiotikum).

Ich war bereit. Der Rapper aus Orlando und der deutsche Student auch. So gingen wir gemeinsam. Die 32,98 km umfassende Tagesetappe mit El Ganso als Ziel war für mich auf den ersten Blick erstaunlich kurz, sollte aber anscheinend einen Pilger in die Knie zwingen.

Der Weg bis Astorga ist meist eben. Mitten im Nirgendwo erschien plötzlich ein kleiner Stand mit verschiedenen Natursäften, Brot, Marmelade, frischem Obst, Müsli und Kaffee. Ich fragte eine Dame, die mit einer Flower-Power-Gruppe unter ein paar Kartons übernachtete, wo ich mein Obst, das ich genommen hatte, zahlen könne.

„Musst du nicht zahlen! Warum willst du das? Ist doch gratis. Steht doch da. Kannst du nicht lesen?", grinste sie mich an.

„Das sind alles Bio-Produkte, die ziemlich teuer sind. Wer macht denn so etwas gratis?"

„Ein Ex-Manager kommt jeden Morgen mit seinem SUV hierher und bringt frische Sachen. Er will einfach nur die Pilger unterstützen … aber wenn du unbedingt zahlen willst, an der Seite befindet sich eine Spenden-Schatulle."

Nach 18 km über Vilarres de Órbigo und Santibañez de Valdeiglesias erreichten wir Astorga. Kurz davor, die Meseta sollte an dieser Stelle enden, stießen zwei junge Latinas aus Los Angeles zu unserer Gruppe.

In Asturica Augusta, dem heutigen Astorga, gibt es alles, was das Pilgerherz begehrt. Die Stadt gab es schon zu Römerzeiten und ist eine wichtige Station auf dem Camino. Die Kathedrale und der Bischofspalast, der von Antonio Gaudí gestaltet wurde, zählen zu den bedeutendsten Sehenswürdigkeiten. Für Süßigkeiten, Schokolade, Blätterteig und Buttergebäck ist die Stadt auch bekannt. Es gibt sogar ein Schokoladenmuseum (Museo del Chocolate).

Wir trennten uns von den jungen Latinas und setzten uns an einen Tisch vor einer Pâtisseria. Wir bestellten süße Blätterteigschnecken und natürlich drei doppelte Kaffees.

„Hola! Erkennst du mich nicht?", fragte mich eine französische

Pilgerin, ihre rechte Hand in einem Gips.

„Sorry, nein!"

„Wir haben in Roncesvalles in der gleiche Albergue gewohnt ..."

„Tut mir leid ... daran kann ich mich wirklich nicht erinnern."

„Du hattest als Begleitung eine deutsche Frau, oder?"

„Das schon, aber ... was ist eigentlich mit dir passiert?"

„Ich bin von einem Felsen gestürzt und habe eine Woche im Krankenhaus verbracht ..."

„Oh, das tut mir leid. Gute Besserung!"

Die Frau war ziemlich ramponiert, mehrere Schürfwunden zierten ihr Gesicht.

Anschließend gingen wir zum Bischofspalast von Antoni Gaudí. Er wurde im Jahre 1889 begonnen und nach zwanzigjähriger Unterbrechung 1913 von Guereta vollendet. Die Kathedrale Santa Maria aus dem 8. Jh. war unser nächstes Ziel. Ich hätte noch ewig verweilen können, um die gesamte Stadt zu erkunden, aber meine Begleiter drängten zum Aufbruch und ich wollte bei ihnen bleiben.

Nach Murias de Rechivaldo sanken wir in Santa Catalina de Samoza erschöpft auf eine Bank. Die letzten Obst-Reserven wurden aufgebraucht.

4,6 km lagen jetzt noch vor uns bis zur Albergue Gabino. Ich war glücklich, es geschafft zu haben. Der deutsche Student nahm sich auch ein Bett, aber der Rapper wollte weiter, seinen Freund aus Italien treffen.

Die jungen Latinas aus LA waren schon länger da und mit der Wäsche beschäftigt. Ich ließ meine Wäsche waschen, duschte den heutigen Staub und Schmerz weg und suchte die nächstgelegene Bar auf, in der ich eine Kleinigkeit aß. Bis zum späten Nachmittag las ich in einem meiner Bücher und ging dann ziemlich früh schlafen.

23.
VON EL GANSO NACH PONFERRADA

„Nicht immer sind die Stillen auch die Weisen. Es gibt verschlossene Truhen, die leer sind." (Jean Giono)

Um 4:00 Uhr am Morgen weckten mich die Kirchenglocken. Ich brauchte nicht lange, um zu erkennen, dass jemand „We Will Rock You" von Queen an die Glocken schlug. Was für ein Verrückter! Ich musste lachen und an Schlaf war nicht mehr zu denken. Also nahm ich meine Habseligkeiten und verließ um 4:30 Uhr die Albergue.

Es war nicht gerade einfach, den richtigen Weg zu finden. Um mich herum herrschte Dunkelheit, die Luft war kühler als sonst. Nicht verwunderlich, El Ganso liegt 1018 m über dem Meeresspiegel.

Die ersten 2 km führten an verschiedenen Straßen entlang und danach ging es mitten durch einen Wald. Immer wenn ich den Verlauf des Weges nach links oder rechts vermutete, zeigte mir die Taschenlampe genau das Gegenteil. Um 5:30 Uhr war ich bereits in Rabanal del Camino, nun sogar auf 1,156 m Höhe. 7,2 km in einer Stunde sind ein guter Schnitt und motiviert stieg ich die nächsten 5,9 km hinauf bis Foncebadón. Da war ich nun auf dem Monte Irago in 1531 m Höhe, dem höchsten Punkt des Caminos, markiert vom Cruz de Ferro (dem Eisenkreuz), welches 5 m aus einem großen Steinhaufen herausragt. Traditionsgemäß legen christliche Pilger darauf einen Stein ab. Dieser Stein wird den gesamten Weg von daheim mitgeführt und symbolisiert die eigene Seelenlast. Dabei sprechen sie ein Gebet aus, das Gebet des Cruz de Ferro:

> *„Herr,*
> *möge dieser Stein,*
> *Symbol für mein Bemühen auf meiner Pilgerschaft,*
> *den ich zu Füßen des Kreuzes des Erlösers niederlege, dereinst,*
> *wenn über die Taten meines Lebens gerichtet wird,*
> *die Waagschale zugunsten meiner guten Taten senken.*
> *Möge es so sein."*

Man vermutet, dass diese Tradition schon vor der Romanisierung existierte. Nicht nur Steine mit verschiedenen Botschaften, Wünschen und Lasten, sondern auch Führerscheine, ID-Cards, einzelne Passseiten und Fotos zieren diesen Platz.

Nach dem anstrengenden Aufstieg folgte nun der entspannte Abstieg. 3 km lief ich und kam an Manjarin vorbei, einer kleinen Ortschaft, verfallen zu Beginn des 19. Jahrhunderts, als die letzten Einwohner gingen. Laut Erzählung hatte Tomás, der sich als einen Nachfolger der Tempelritter sieht, hier in den 90er Jahren eine einfache Pilgerherberge gegründet. Es heißt, dass er und andere Bewohner der Ortschaft mit einer Pilgertruppe nach Santiago unterwegs waren. Als sie in Manjarin Rast machten, erschienen ihnen Engel, die sie aufforderten, die Tradition der Tempelritter fortzusetzen und so die Pilger zu unterstützen.

‚Also ist der Franzose wohl nicht der einzige, der Engel reden hört', dachte ich mir.

Eine große Menschenmenge hatte sich bereits versammelt und beobachtete die selbst ernannten Ritter bei ihrem täglichen Ritual. Mich interessierte es nicht.

In Mesón El Acebo machte ich eine Mittagspause. Mit vollem Magen schleppte ich mich dann weiter nach Riego de Ambrós und Molinaseca.

Ich befand mich nun direkt parallel zu meinem heutigen Tagesziel, Ponferrada. Der Ort und somit auch ein Bett schienen in greifbarer Nähe zu sein. Der Teil der Strecke erwies sich als verdammt mühsam. Immer wieder führt die Straße in entgegengesetzte Richtung und man verliert fast die Hoffnung, irgendwann anzukommen. Ein Blick auf meine Uhr, eine Casio Pro Trek, die am Rucksack befestigt war, zeigte 70 °C. Ich lief mitten in der Sonne. Meine Schuhe versanken bei jedem Schritt leicht im Teer. Es schien kein Ende zu nehmen, sechs Stunden war ich schon unterwegs. Nach dem endlosen Hin und Her erreichte ich gegen 11 Uhr Ponferrada, die Hauptstadt der Region Bierzo, und stand nach kurzer Zeit vor dem Hostel Albergue de Peregrinos San Nicolas de Flüe. Ich wollte nur noch meine Sellos (Stempel im Pilgerpass) erhalten, einchecken und duschen. Alles klebte an mir und der ganze Staub hatte meine Kehle ausgetrocknet. Seit Stunden hatte ich keinen Tropfen Wasser mehr getrunken.

Ein älterer Herr wies mich an, in der Reihe zu warten. Er sei mit seiner Mutter auch am Warten. Ich war zu erschöpft, um das zu verstehen. Es waren doch genug freiwillige Hospitaleros zur Verfügung. Da ich außerdem keine Reihe sehen konnte, nur zwei Personen, die vorne ihr Bett bezahlten, ging ich einfach vor und gab meinen Pilgerpass ab. Ich sah, wie sich der ältere Herr aufregte und bei den Hospitaleros beschwerte. Einer davon, kräftiger gebaut als ich, war von hinten auf mich zugekommen und stieß mich an der Schulter an. Reflexartig packte ich seine Hand, seinen ganzen Arm und zwang ihn so in die Knie. Damit hatte er nicht gerechnet. In dieser Position hätte ich sogar seine Hand brechen können. Ich hielt ihn fest, sonst wäre er mit dem Gesicht im Dreck gelandet. Ein älterer Hospitalero stand nun auf. Noch immer war ich angespannt, aber er beruhigte mich mit den Worten: „Er ist für die Ordnung da, für die rabiaten Pilger zuständig und dachte wahrscheinlich …"

„What the fuck dachte der Mongo? Wer ist hier rabiat? Ich bin todmüde, meine Füße schmerzen, ich habe kein Wasser mehr, mein Kopf brummt …"

„Sie sind heute 40 km gelaufen?", fragte eine andere Hospitalera, die gerade meinen Pilgerpass durchblätterte.

„Ja, bin ich! Ich werde mich bei niemandem entschuldigen. Man schubst doch nicht einfach. So fragt man nicht nach eventuellen Problemen."

Der Kräftige hielt sich die linke Schulter und kam auf mich zu. Der will doch nicht wirklich noch einmal Stress mit mir? „Wir sind alle freiwillig hier und wir müssen alles in Ordnung halten. Täglich kommen Hunderte Pilger. Es ist nicht einfach. Und nicht alle Pilger sind ruhig. Da werden ein paar sehr rabiat. Bitte verstehen Sie das …"

„Ja, ja." ‚Leck mich, du verrückter Mongo ohne Anstand! Bei anderen kannst du sicher weiter den Helden spielen, aber nicht bei mir', fügte ich in Gedanken hinzu.

Ich bekam endlich mein Zimmer, konnte meinen Durst stillen, duschen und genoss die Siesta auf dem Bett. Als mich der Hunger packte, entschloss ich mich, zu einem Restaurant aufzubrechen. Auf einer Couch im Essraum lag der Rapper aus Orlando und las in seinem NLP-Buch. Als ich ihn begrüßte, schaute er mich verblüfft an.

„Man, wie bist du hierhergekommen? Ich habe dich in El Ganso verlassen und lief weiter, während du Rast gemacht hast …"

„Zu Fuß natürlich, was denkst du?"

„Man, das sind …", er überlegte kurz, „40 km, und das nach dem gestrigen Tag …"

„Und ich bin schon sooo alt …", fügte ich lächelnd hinzu.

„Das habe ich nicht gesagt! Starke Leistung! Du, dieses Mal habe ich übrigens Hunger."

„Gut, dann lass uns gehen."

Zwei junge Damen, eine Spanierin und eine Engländerin, fragten uns, ob sie mitkommen dürften:

„Wir wollen was einkaufen und nicht unbedingt alleine gehen."

„Na klar, kommt mit. Wir wollen essen gehen, aber die Idee mit dem Einkaufen klingt auch gut. Hey, was meinst du?"

„Ich habe nichts dagegen. Wasser und Obst brauche ich unbedingt!"

Auf dem Weg trafen wir eine Griechin mit zwei vollen Einkaufstüten. Von ihr erfuhren wir den Standort des Ladens. Weil heute Sonntag war, hatten die meisten Restaurants geschlossen.

Nach unserer Einkaufstour entdeckten wir ein paar Gäste auf einer Terrasse. In der dazugehörigen Bar saß auch ein alter Bekannter vom Rapper, ein dänischer Lehrer. Das Essen war lecker. Nach nur einer Stunde mussten wir die Bar mit unseren Getränken verlassen und auf der Terrasse Platz nehmen. Der Besitzer wollte schließen.

„Was machen wir mit den Gläsern? Die werden sicher geklaut", fragte der dänische Lehrer.

„Niemand klaut schmutzige Gläser hier bei uns", antwortete der Besitzer lachend.

Kurz vor 19:00 Uhr nahmen wir wieder Kurs auf die Albergue. Wir genehmigten uns ein Dosenbier aus dem Automaten. Entspannt sitzend auf einer Bank, warteten wir auf den Beginn der Messe. Zwei der Hospitaleros, der Kräftige war einer von ihnen und zeigte in meine Richtung, unterhielten sich. ‚Da hab ich mir wohl neue Freunde gemacht', schoss es mir durch den Kopf. Ich holte ein weiteres Bier und brachte es ihm. Erfreut nahm er es entgegen und bedankte sich.

Um 20:00 Uhr begann in einer kleinen Kapelle die Messe. Sie endete mit der Segnung der Pilger.

Auf dem Weg zurück entdeckte ich in der Parkanlage der Albergue ein Totem und direkt daneben einen Kilometerstein, 202,5 km bis Santiago. Das war nicht mehr viel. Ich hatte es fast geschafft.

24.
VON PONFERRADA NACH TRABADELO

„Wer nur eine Möglichkeit hat, ist in einer Zwangslage. Wer zwei Möglichkeiten hat, steckt in einem Dilemma. Und wer drei Möglichkeiten hat, kann frei wählen." (Moshé Feldenkrais)

Um 5:20 war ich im Essraum und längst startklar. Mit meiner Taschenlampe leuchtete ich ein paar Mal zum Kaffeeautomaten. Ich war nicht der einzige Kaffee-Junkie, der so früh seine Sucht befriedigen musste.

Draußen im Hof stand der Rapper aus Orlando. Er war noch nicht ganz fertig und die Tore noch verschlossen. Ich hatte also noch Zeit und ließ meinen Rucksack sichtbar unter einer Laterne stehen. In der Dunkelheit lief ich zum Ende des Hofes hinter die

Kapelle und ging auf die Toilette. Sehen konnte ich niemanden, aber ich konnte spüren, dass ich nicht allein war. Von irgendwoher kamen aufgeregte Stimmen, aber ich konnte nicht genau verstehen, was sie alles schimpften. In der Dunkelheit hatte vermutlich aus Versehen ein Pilger auf einen anderen uriniert.

So schnell wie möglich ging ich zurück. Der Hof war inzwischen fast leer, die Tore offen, aber keine Spur vom Rapper. Wir hatten abgemacht, gemeinsam zu laufen. So wartete ich also im Hof und auch eine Weile vor dem Tor, vergebens. Er war anscheinend ohne mich gegangen. Es war nun schon 6:30 Uhr und ich brach schleunigst auf.

Ich ging am Castillo de Ponferrada vorbei, eine mittelalterliche Templerfestung, die im 15. Jahrhundert erbaut und im 19. und 20. Jahrhundert fertiggestellt wurde. Die Burganlage konnte ich leider nicht besichtigen. Sonntag und Montag war sie geschlossen. Noch einen Tag zu warten, lohnte sich nicht.

Auf Höhe Cacabelos holte ich den Rapper aus Orlando ein. Er erklärte mir sein Verschwinden. Er hätte etwas in seinem Zimmer vergessen und lief los, es zu holen. Als er in den Hof zurückkam, waren die Tore bereits offen und keine Spur von mir. So lief er los, in der Hoffnung, mich noch einzuholen. Das war wirklich dumm gelaufen.

Nach 18 km passierten wir Pieros. Ab hier ging eine schmale Straße stetig bergauf und es war nicht gerade ungefährlich mit so viel Verkehr. Zum Glück, nach etwa 2½ Kilometern, kamen wir nach Villafranca del Bierzo, wo wir frisches Obst und Wasser kauften. Nun hatten wir die Wahl zwischen drei Wegen (viele Guides erwähnen nur zwei), um nach Trabadelo zu gelangen. Ein asphaltierter Weg, gesichert durch eine Betonmauer, parallel zur nahe gelegenen Autobahn, gilt als die unschöne Variante. Dann der Camino Duro (der harte Weg), zwei Kilometer länger und steil bergauf, zumindest am Anfang. Der dritte begann auf dem harten Weg und zweigte dann irgendwo ab.

„Hey, der Mann hat den gleichen Hut wie der dänische Lehrer", sagte der Rapper aus Orlando.

„Welcher Lehrer?"

„Ich hab ihn dir doch vorgestellt, in der Bar in Ponferrada. Komisch, der hat auch die gleichen Schuhe … und den gleichen Camcorder …"

Es war der Lehrer, der gerade dabei war, sich selbst zu filmen. Er hielt seinen Camcorder befestigt auf einem Einbeinstativ in der Hand und filmte sich von oben, sodass er auch den Weg unten gut einfangen konnte, auf dem wir gerade kamen. Dabei rief er:

„Und als ich mich fragte, ob ich verrückt sei, den Camino Duro ausgesucht zu haben, meine Damen und Herren, sehe ich gerade zwei weitere Menschen auf diesem Wege kommen. Begrüßen Sie mit mir den verrückten Amerikaner und den verrückten Österreicher …", und dann sprach er weiter auf Dänisch, für seine Freunde und Bekannten. Anschließend liefen wir kurzzeitig gemeinsam und lieferten uns dabei ein Wettrennen. Der Däne gab schnell auf und verabschiedete sich:

„Leute, ich bleibe hier. Werde meine Mittagpause machen. Wir sehen uns in Trabadelo."

Nach ca. zwei Stunden bei 36 °C erreichten wir den Kastanienwald. Endlich Schatten und weitere neue Fotomotive. Der ganze Weg ist ein pures Erlebnis. Immer wieder wunderschöne Aussichten, verschiedene Pfade und Kurven, häufig erschienen sie gleich, wie bei einem Déjà-vu-Erlebnis.

Kurz vor einer Teerstraße sahen wir endlich einen Wegweiser, der nach Pradela zeigte. Leider wies er in dieselbe Richtung, aus der wir gerade kamen. Somit drehten wir wieder um. Da wir dringend Wasser brauchten und es in Pradela eine Bar gab, mussten wir dorthin. Nach einer Stunde erreichten wir den Ort. Die Bar war geschlossen, aber wir füllten unsere Wasserflaschen auf und liefen über eine Teerstraße aus dem Ort. Nach kurzer Zeit kamen wir wieder genau an die Stelle mit dem uns bekannten Wegweiser. Er hatte uns vorher doch tatsächlich in die verkehrte Richtung geschickt. Wie konnten wir nur so orientierungslos sein, fragte ich mich. Wir hatten uns ausschließlich auf Zeichen und Wegweiser verlassen, dabei wäre es so einfach gewesen.

Es folgte ein Abstieg auf einer Schotterpiste. Das war wahnsinnig anstrengend für meine Knie. Nach dem Ort Pereje liefen wir 4,7 km weiter und sahen dann endlich das erste Haus. Nach und nach kamen weitere dazu. Wir hatten Trabadelo erreicht. In der Albergue Municipal Trabadelo musste man sich in ein Heft eintragen und konnte sich dann selbstständig ein Bett im ersten Stock aussuchen. Waschmaschine und Trockner waren im Keller.

Mit dem heutigen Datum waren noch sechs Pilger registriert. Ich sah erneut das türkische Paar. Ich konnte mir nicht vorstellen, dass sie Christen waren. Trotzdem waren sie auf dem Pilgerweg. Dürfte ich als Christ nach Mekka gehen? Sicher nicht. Europa ist da sehr tolerant. Toleranz sollte für meine Begriffe auf Gegenseitigkeit beruhen.

Im Zimmer befanden sich zwei deutsche junge Mädchen. Den sechsten Zimmergenossen lernten wir erst viel später kennen. Als ich aus der Waschküche kam, trank der Rapper aus Orlando zusammen mit dem dänischen Lehrer, der seine Füße in eine Plastikwanne mit Salzwasser getaucht hatte, gerade ein Bier. Die Hospitalera kam aus einem Gebäude heraus und fragte mich, ob ich das Bett schon bezahlt hätte. Ich griff in meine Bauchtasche, bestellte ein Bier und während ich meine Münzen zählte, entdeckte ich türkische Lira dazwischen. Da hatte mich wohl jemand irgendwo reingelegt. So ein Mist. Der Däne kam gleich zu mir und wechselte das Geld in Euros.

„Ich bin öfter in der Türkei und brauche deshalb türkische Lira", meinte er.

Auf einer seiner Waden entdeckte ich eine seltsame Tätowierung.

„Was ist das für ein Vereinswappen, das du auf deiner Wade hast?"

„Das ist das Club-Wappen vom Galatasaray Istanbul."

„Wie kommt man denn auf solch eine Idee?"

„Ich liebe alles, was türkisch ist, die Türkei, Fußball, Essen. Ich habe viele Freunde, die Türken sind. Ich kann sogar die türkische Sprache."

„Warum nicht. Geschmäcker sind eben verschieden …", erwiderte ich, konnte es aber überhaupt nicht verstehen.

Später ging ich zu einem Rastplatz mit Restaurant. Der Däne und der Rapper aus Orlando gingen ins Freibad. Es war noch zu früh, etwas Warmes zu bestellen, aber ich versuchte es trotzdem, und mal wieder fand ich hilfsbereite Personen, die für mich kochten. Während ich mit meiner Frau chattete, riefen meine Kinder im Hintergrund, dass sie mich sehen wollten. Ich hatte mir einen Bart wachsen lassen und wollte sie bei meiner Rückkehr damit überraschen. Ich hielt nicht lange stand. Die vielen „Büdde büdde …" meiner Tochter ließen mich weich werden und ich schaltete die Kamera meines Smartphones ein.

„Ich dachte, dass dein Bart viel länger ist", sagte meine Frau überrascht. Für mich war er schon sehr lang. Ich ließ ihn das erste Mal in meinem Leben wachsen und hatte mich seit einem Monat nicht mehr rasiert. Während ich mein Menü aß, kam eine Gruppe aus Frauen herein, drei aus Polen und eine aus der Ukraine.

„Kann man etwa schon Essen bestellen?", fragten mich die Frauen überrascht.

„Ich habe die Bardame überredet, für mich zu kochen …"

„Vielleicht kannst du für uns auch ein gutes Wort einlegen." Sie setzten sich am Nachbartisch und bestellten ohne Probleme alles Gewünschte.

Ich verließ das Restaurant, ging zurück in die Albergue und las, bis meine zwei Guys aus dem Freibad kamen. Dabei lernte ich ein französisches Rad-Pilger-Ehepaar kennen, die mit ihren beiden Kindern unterwegs waren. Der Vater fuhr gemeinsam mit der 7-jährigen Tochter, die Mutter mit dem 5-jährigen Sohn. Die Eltern saßen auf ihren Rädern und hatten am Sattel kleine Kinderräder befestigt, ein richtiges Tandem. Der Kleine war der jüngste Pilger, den ich auf dem Camino sah.

Um 21:00 Uhr waren wir alle schon in Bett.

Mitten in der Nacht, gegen 2:00 Uhr in der Früh, erschien der sechste Zimmergenosse. Mit viel Lärm fand er sein Bett.

25.
VON TRABADELO
NACH FONFRIA DEL CAMINO

„Das Bewusstwerden der Unmöglichkeit ist der Beginn aller
Möglichkeiten." (Sri Aurobindo)

Um 4:45 erwachten wir. Der Rapper und ich waren 20 Minuten
später schon unterwegs. Es war stockdunkel. Trotz meiner Taschenlampe hatten wir Schwierigkeiten, die Zeichen zu finden.
Autolärm drang zu uns von der Autobahn. Bei einer Abzwei-
gung entschieden wir uns für den linken Weg statt den anderen,
der gerade verlief. Plötzlich hörten wir vor uns seltsame Geräusche. Der Rapper aus Orlando blieb stehen.
„Das ist sicher ein großes Tier! Ein Bär vielleicht."

„Glaube ich nicht … Es ist so dunkel, ich erkenne nichts …"

„Hola … sorry, ist das der Camino?", fragte mit zittriger Stimme das vermeintlich große Tier. Erschrocken starrten wir in die Augen eines Mannes.

„Ja, du bist auf dem richtigen Pfad. Wo bist du gestartet?"

„In Ponferrada."

„Heute, aber wo startete dein Camino?"

„Bis León bin ich geflogen und dann mit dem Zug nach Ponferrada gefahren, wo ich übernachtet habe."

Der Deutsche, Mitte fünfzig, hielt unser Tempo nur bis zur nächsten Raststätte durch und verabschiedete sich:

„Ihr seid mir zu schnell. Ich werde eine Verschnaufpause einlegen, bis es hell wird. Man sieht ja kaum was."

Nach Portela de Valcarce kamen wir als Nächstes in Ambasmestas an. Der Geruch von frischem Brot lotste uns direkt in die Bäckerei. Vor dem Laden stand eine uralte Holzkarre, wie man sie von Asterix und Obelix kennt, umfunktioniert zu einem großen Blumentopf. Wunderschön. Mit neuen Kräften bestückt, liefen wir weiter. In Ruitelán, dem nächsten Ort füllte ich meine Brieftasche auf. Sobald man Herrerías hinter sich lässt, steigt der Weg stetig an. Im Wald überholte uns eine gesattelte Pilgergruppe, vier Indiana Jones und zwei Indiana Janes. Hinter einem Gebüsch entdeckte ich einen Pilger. Er kam mir sehr bekannt vor.

„Du, schau mal, kommt dir dieser Pilger nicht auch bekannt vor?"

„Der Hut mit der Feder …"

„Diese Bergschuhe …"

„Das T-Shirt und der Rucksack. Nein, das kann nicht sein. Der dänische Lehrer? Unmöglich!"

„Sieh doch, der hat seinen Camcorder auf einem Alu-Stativ und am Rucksack befestigt. Das ist der Däne."

„Wie konnte er uns überholen? Unmöglich! Der hat sicher den Bus oder ein Taxi genommen. Auf dem Camino Duro war es genauso komisch. Da stimmt was nicht."

Verwundert gingen wir zu ihm. Vielleicht kannte er die Geheimnisse der Teleportation? Total überrascht erblickte uns der Däne:

„Ihr seid doch lange vor mir gestartet. Was macht ihr jetzt hinter mir? Das ist unmöglich?"

Heute früh hatte er noch geschlafen, als wir längst unterwegs waren. Er hatte an der Wegzweigung den geraden Weg gewählt, aber ansonsten blieb alles gleich. Wir waren doch wesentlich schneller unterwegs als er und verstanden die Welt nicht.

Etwa einen Kilometer nach Laguna de Castilla erschien vor uns der große Grenzstein von Galicia. Auf einer Höhe von 1.300 m kamen wir zum ersten galicischen Dorf O Cebreiro. Der Rundumblick war atemberaubend. Wir befanden uns über den Wolken. Sie lagen wie ein Teppich unter uns. Ein Grund mehr, hier länger zu verweilen und den Augenblick zu genießen. Wir setzten uns in ein Straßencafé.

Das Dorf ist bekannt für seine palozzas. Das sind Steinhäuser in einem ovalen Grundriss, mit Strohdach, die auf eine mehr als 2.500 Jahre alte keltische Bautradition zurückgehen. Zum Teil kann man sie mit den Zeichnungen Uderzos aus den Asterix- und-Obelix-Comics vergleichen.

Aus fast allen Ecken erklang die Gaita, der galicische Dudelsack, auch keltischen Ursprungs. Das Heiligtum Santa Maria la Real und das Museumsdorf sind die letzten kulturellen Höhepunkte vor Santiago de Compostela. Alles hier war viel grüner und lebendiger. Endlich war die Meseta Geschichte.

Dieser Teil Galiciens ist sehr ärmlich. Grund dafür sind die Berglandschaften, die eine Bodennutzung zum Anbau fast unmöglich machen.

Während ich meinen Kaffee trank, kam die Bedienung zu uns und bat uns, mit den Jugendlichen, die ein paar Tische entfernt saßen, zu reden. Sie könne ihnen nicht erklären, dass im gemischten Salat keine Nüsse seien. Die Jugendlichen waren im Alter von 11 und 15 Jahren und kamen aus Deutschland.

Kurze Zeit später kam sie erneut ganz aufgeregt an unseren Tisch:

„Können Sie den Jungs bitte erklären, dass hier in Spanien Jugendliche unter 16 keinen Alkohol bekommen?"

Wieder lief ich hinüber:

„Was habt ihr jetzt für ein Problem?"

„Nix! Alles paletti!", antwortete der Größte und wahrscheinlich Älteste von ihnen.

„Jungs, hier gilt das gleiche wie in Deutschland, absolutes Alkoholverbot für Jugendliche unter 16!"

„Ja, aber …"

„Es gibt kein Aber. Wer ist hier 16?"

„Ja, alle …"

„Dann zeigt mal eure Ausweise her! Nicht mir, die Dame hier will sie sehen …"

Natürlich waren sie noch keine 16 Jahre und bestellten stattdessen Cola. Die Lage hatte sich beruhigt und wir verließen O Cebreiro, liefen über Liñares und die Passhöhe San Roque nach Hospital de Condesa. Anschließend kamen wir über den höchsten Pass Galiciens, den Alto do Poio, und erreichten unser Tagesziel Fonfria del Camino. Die schöne und moderne Albergue A Reboleira bietet 50 Pilgern Platz zum Schlafen. Ich suchte mir mein Bett aus und ging duschen. Draußen auf einem Gartenstuhl trank der dänische Lehrer ein Bier. Auch diesmal hielt er seine Füße in eine kleine Plastikwanne mit Salzwasser. Er bot mir das restliche Salz an und ich nahm es dankend an. Es war ein herrliches Gefühl und eine Wohltat. Die anderen Salze, die mein Körper im Laufe des Tages verloren hatte, versuchte ich, mit Bier auszugleichen.

Bis zum Abendessen las ich Steve Jobs' Biografie zu Ende.

Am Abendtisch saß ich neben einer französischen Pilgerfamilie mit vier Kindern und deren Tante. Die Jüngste war 12 und der Älteste 17 Jahre alt. Sie erzählten mir von ihrem ersten Camino. Zu dem Zeitpunkt wurde der Älteste noch als Baby im Rucksack der Mutter getragen. Das heißt, dass sie seit 17 Jahren immer wieder den Camino machten, nicht komplett, nur jeweils zwei bis drei Etappen. Ich konnte mir einen besseren Urlaubsort gemeinsam mit meiner Familie vorstellen. Genau genommen war der nächste schon geplant. Zwei Wochen Sardinien, direkt nach Beendigung meines Egotrips. Die Rückreise hatte ich noch nicht fixiert und wusste nicht, wie es am sinnvollsten wäre. Mit dem Zug mindestens drei Tage unterwegs zu sein, wäre kompliziert, anstrengend und viel zu teuer. Ein Buddhist hatte mir erzählt, dass der Schock, in die Zivilisation zurückzukehren, wenn ich diese Art der Heimkehr wählen würde, nicht allzu schlimm sei. Bei einem Flug dagegen wäre mein Körper längst zu Hause, aber meine Seele noch lange unterwegs.

In Fonfria traf ich auf eine Italienerin, die ich bereits vom Camino kannte. Sie brachte mich auf die Idee, online über Ryanair ein Flugticket zu buchen, von Santiago de Compostela nach Bergamo in Italien. Im Bett dachte ich noch lange darüber nach. Es war sehr heiß und stickig, trotz offenem Fenster. Kurz vor 1:00 Uhr kam mir dann endlich der erlösende Gedanke – warum online buchen, das geht doch auch direkt am Flughafen – und ich schlief ein.

26.
VON FONFRIA DEL CAMINO
NACH SARRIA

„Liebe schwärmt auf allen Wegen, Treue wohnt für sich allein; Liebe kommt euch rasch entgegen, aufgesucht will Treue sein." (Goethe)

Ich dachte, dass der klare Blick den Frühaufstehern vorbehalten war, und begann meinen Tag um 5:30 Uhr. Es war noch finster, nicht gerade vorteilhaft. Hauchdünne Nebelwölkchen zogen über die Berge. Nach Triacastela traf ich wieder auf den Rapper aus Orlando. Er lief ein Stück vor mir und sprang erschrocken zurück. Durch den Nebel sah ich einen Fuchs, mitten auf dem Weg stehend beobachtete er uns. „Hast du Angst von einem Fuchs?", fragte ich höhnisch.

„Ah, so etwas ist das …"

„Wie jetzt, sag nicht, du hast noch nie einen Fuchs gesehen."

„Doch, … äh nein! Eigentlich nicht. Wo denn?"

„Ja, keine Ahnung, im Zoo vielleicht. Kennst du denn nicht die Märchen über den schlauen Fuchs?"

Er sah so ein Tier anscheinend zum ersten Mal. Der Fuchs betrachtete uns ganz ruhig, als hätte er noch nie Menschen gesehen. Beide standen sich völlig überrascht gegenüber. Neugierig kam der Fuchs ganz nah an uns heran, verschwand dann kurz und tauchte hinter uns wieder auf. Es war eine lustige Situation.

Wir hatten nun drei Möglichkeiten, bis nach Sarria zu gehen.

Wir entschieden uns für den Weg über San Xil und Calvor.

Irgendwo in einem Hof fotografierte ich ein Taxi. In drei Sprachen stand „Freies Taxi" drauf.

Nach San Mamede folgte bereits das Tagesziel, aber eine der Albergues hatten wir leider noch lange nicht erreicht. Ich war erschöpft und meine Füße schmerzten. Wir mussten die halbe Stadt durchqueren, endlos viele Stufen hinauf und hatten dann eine Art Aussichtspunkt erreicht. Vor uns lag der Stadtkern von Sarria, drei Albergues fielen direkt in unser Blickfeld und waren in greifbarer Nähe. Die meisten Pilger warteten im Schatten auf der gegenüberliegenden Seite der Albergue Internacional. Die Rucksäcke bildeten eine lange Schlange vor der Eingangstüre. In meinem Guide erfuhr ich, dass die Albergue nur 38 Betten anbot. Ich fing an, die Wartenden zu zählen, bei 30 gab ich auf. Die Schlange war wesentlich länger, sodass es keinen Sinn machte, hier zu bleiben. Die private Albergue Mayor war passend für mich. Der Rapper aus Orlando wollte mich aus Kostengründen nicht begleiten.

Die übliche Dusche folgte und auch meine Sachen übergab ich in die Wäsche. Wir waren zu acht im Zimmer, auf vier IKEA-Stockbetten verteilt. Meine Bettnachbarin, eine Dänin um die vierzig, mit ihrem 15-jährigen Sohn unterwegs, erzählte mir von ihren Erfahrungen mit Männern. Sie hatte eindeutig genug von ihnen, zumindest ausländische sollten ihre Nähe meiden. Sie war eine richtige Wikingerbraut, blond mit großen Brüsten, aber einem drahtigen Körperbau. Ihr letzter Mann hatte sie verlassen und war nach England zurückgekehrt. Ich munterte sie auf, indem ich ihr berichtete, dass jeder Vierte, den ich auf dem Camino bisher getroffen hatte, ein Däne war und sie somit gute Chancen habe, einen passenden Landsmann zu finden.

An der Rezeption sah ich den Rapper aus Orlando. Er bekam gerade einen Stempel in seinem Pilgerpass.

„In der International hast du keinen Platz mehr bekommen?"

„Leider nicht. Du gehst bestimmt zum Essen?"

„Genau. Kommst mit?"

„Zuerst muss ich aber ..."

„Ich werde was lesen, bis du soweit bist", unterbrach ich ihn.

„Super!"

Wir stiegen die Treppe abwärts, mühsam für meine Füße, und überquerten anschließend eine Brücke, von der aus wir eine Musikkapelle sahen, die von Restaurant zu Restaurant ging und die Gäste mit einer Art Guggenmusik unterhielt. Die Ortschaft feierte gerade das Fiesta Danzas de San Jaime, ein traditionelles Volksfest mit tiefen Wurzeln in der Vergangenheit. Erstmals wurde dieses Fest in der Geschichte 1819 erwähnt als Festa del Fadrí (Fiesta der Junggesellen). Dieses Fest diente ausdrücklich der Verkuppelung aller Junggesellen im Ort.

Wir wählten eine Terrasse aus und bestellten was zu essen. Nach einer Weile machte die Musikkapelle auf unserer Höhe halt. Spanische Volks- und bekannte Popsongs zu Samba-Rhythmen waren das Markenzeichen, nicht gerade mein Geschmack.

Anschließend machten wir in unserer Albergue Siesta. Am Abend liefen wir wieder zum Flussufer und wählten ein anderes Restaurant aus. Alle waren sehr gut besucht und die Leute waren herausgeputzt, wahrscheinlich in Sonntagskleidung.

Es gab Zuckerwatte und Straßenzauberer. Viele bekannte Gesichter kreuzten unseren Weg. Der Rapper aus Orlando bestellte, genau wie ich, eine Pulpo mit frittierter Kartoffel. Um 21:00 Uhr verließen wir die Fiesta. Meine Schmerzen waren unerträglich. Ich nahm eine Ibuprofen-Tablette und ging schlafen. Ich warf mich im Bett hin und her. Die Straßenlaterne schien mir ins Gesicht. Meine Bettnachbarin schlüpfte aus ihrem Schlafsack und stand plötzlich neben mir, am Oberkörper nur mit einem Bikini bekleidet, beugte sie sich über mich. Ihre Brüste erschlugen mich fast.

„Hast du Schmerzen?"

„Ich drehe fast durch …", das aber nicht nur wegen der Schmerzen.

„Soll ich dir was gegen die Schmerzen geben?"

„Danke, ich habe Ibuprofen genommen. Es müsste gleich wirken …" Sie ging zurück ins Bett. Sehnsüchtig wünschte ich mir einen erotischen Traum, der mich von meinen Füßen ablenken würde.

27.
VON SARRIA NACH PORTOMARÍN

„Nehmen Sie die Menschen, wie sie sind, andere gibt's nicht."
(Konrad Adenauer)

An diesem Morgen liefen wir erneut gemeinsam, der Rapper und ich. Mit meiner Taschenlampe leuchtete ich uns den Weg immer den gelben Pfeilen entlang. Sie führten uns am Magdalena-Kloster vorbei, am Bahnübergang überquerten wir eine kleine Brücke und waren prompt zu weit. Eine Markierung hatten wir eindeutig übersehen. Das hieß fast eine Stunde Zeitverlust. Es wurde schon hell. Das hatte was Gutes, denn der Weg nach Barbadelo verläuft durch viele malerische Siedlungen und Dörfer. Ich wünschte, ich hätte mehr Zeit gehabt, einfach so durch diese Dörfer zu schlendern. Eigentlich hätte ich Zeit gehabt, aber ich war auf das Ankommen fixiert und nahm sie mir nicht. Waldwege, Pisten und schmale Pfade, corredoiras genannt, führten über Morgade, Ferreiros und Vilachá nach Paradela.

Ich erfuhr ein wenig mehr über den Rapper aus Orlando. Sein Vater ging in die USA, als er noch ein Säugling war. Er blieb mit seiner Mutter und seinem Bruder in Peru zurück. Nach der Einbürgerung durfte sein Vater ein Familienmitglied zu sich holen. Er entschied sich für seine Frau. Bevor seine Mutter jedoch auswandern konnte, bekam sie Besuch von seltsamen Männern. Sie verlangten Geld, sehr viel Geld.

Der Vater war mit einem Haufen Schulden in den USA auf der Flucht. Von ihm war also kein Geld zu erwarten, so kontaktierte seine Mutter einen Onkel, der ebenfalls in den USA lebte, und erhielt eine große Summe Geld, nicht alles, aber genug, um die Gemüter zu beruhigen. In den USA angekommen, meldete seine Mutter nach einiger Zeit, dass sie einen Sohn in Peru zurückgelassen hatte. Er durfte auch einreisen. Einige Jahre vergingen und schließlich nahm sie den Reisepass vom Rapper, um mit diesem ihren älteren Sohn, der bei einer Tante lebte, zu holen. Es gelang ihr ohne Probleme. Der Rapper suchte jahrelang nach seinem Vater und entdeckte vor Kurzem im Internet einen Mann aus Costa Rica, der sein Vater sein könnte. Nach weiteren Recherchen stellte sich heraus, dass er es tatsächlich ist. Er habe mittlerweile eine neue Familie, sei aber bereit, seine beiden Jungs zu treffen, sogar Geld zu schicken, falls nötig. Sie waren nicht auf seine Hilfe angewiesen, freuten sich aber sehr über ein baldiges Treffen.

Eine Stunde nach Villachá sahen wir in der Höhe gelegen Portomarín. Wir befanden uns auf der Talseite des Rio-Miño und überquerten den Stausee über eine Brücke. Von der über 60 m hohen Brücke bot sich uns ein atemberaubender Blick. Ich war müde, meine Füße schmerzten und genau wie in Sarria durfte ich auch hier wieder Treppen steigen. Es war nur eine mit 50 Stufen, dafür aber umso steiler. Ich versuchte, mich zu erinnern, wie oft ich schon die Europatreppe mit 4000 Stufen in Partenen, im Montafon/Vorarlberg, gelaufen war. Der „Empire State Building Run-Up" ist der berühmteste Treppenlauf der Welt und ist mit nur 1.575 Stufen wesentlich kürzer als die Europatreppe. Und ich stand hier, nicht mehr als 50 lagen vor mir, aber es war eine enorme Herausforderung. Mit letzter Kraft schaffte ich es in die Stadt. Gleich links befanden sich zwei Albergues. Ich entschied mich prompt für die Albergue O'Mirador, von der aus man eine wunderschöne Aussicht über den Stausee hatte. Ein Teil des Río Miño wurde in den 60er-Jahren durch einen Damm aufgestaut, ein See entstand, der Embalse de Belesar. Das alte Dorf, einer der blühendsten und reichsten Orte in Galicien, verschwand unter Wasser. Nur die San-Pedro-Kirche und das San Nicolas wurden Stein für Stein abgetragen und im höher gelegenen neuen Dorf wieder aufgebaut.

Ich ging duschen und versorgte meine Füße. Am linken waren inzwischen alle Nägel schwarz und er war eine einzige Blase. Am rechten Fuß hatte ich bisher nur einen schwarzen Nagel, wenige kleine Blasen, bis auf die Ferse, sie war kaum noch zu erkennen. Das rechte Bein, vom Knie bis zum oberen Bergschuh, war leicht angeschwollen. Ich filmte meine Zehen und während ich auf einen der großen Zehennägel drückte, spürte ich, dass er fast völlig abgelöst war. Nur die Haut oberhalb schützte vor dem Abfallen.

Ich ging zur nächsten Apotheke, um mich mit Pflaster, Salben und Betaisodona-Lösung neu einzudecken. Auf dem Weg zurück filmte ich die San-Nicolas-Kirche.

„Ey man! What a surprise!", hörte ich eine Stimme hinter mir, drehte mich um und sah den dänischen Lehrer.

„Du schaust besser aus!"

„Hey, the Danish guy. Ist das eine Anmache?", fragte ich grinsend.

„Wirklich. Die ganzen Bissspuren sind nicht mehr geschwollen. Und außerdem schaust du zufriedener aus."

„Es sind nicht mal mehr hundert Kilometer bis Santiago. Wenn das kein Grund zum Feiern ist."

„Für mich schon. Für dich geht's dann weiter nach Finisterre. Oder hast du es dir anders überlegt?"

„Mal sehen ... wenn nichts dazwischenkommt."

„Und der Rapper aus Orlando?"

144

„Er ist in der gleichen Albergue wie ich."

„Merk es dir und sag's ihm auch, am 30. Juli um 12:00 Uhr werde ich eine Stunde vor der Kathedrale in Santiago warten. Für alle, die kommen, wird Alkohol fließen!"

Bei der Albergue trank ich mit dem Rapper noch ein Bier. Er schrieb an seinem neuesten Song und ich versuchte, eine Wi-Fi-Verbindung zu bekommen. Der Himmel färbte sich plötzlich grau-schwarz, Wind kam auf und ein Gewitter entfachte. Als die Sonnenschirme wegflogen, suchten wir Schutz im Inneren des Gebäudes. Hinter mir hörte ich Regentropfen gegen die Fensterscheiben prasseln. Mein erster Regen auf dem Camino und er dauerte nicht länger als fünf Minuten.

Ich aß vor Ort eine Kleinigkeit und schaute fern. In jeder Bar auf dem Camino gab es mindestens einen Fernseher. Hier, im Restaurant der Albergue, war in jeder Ecke einer. Die Nachrichten kamen mir so fremd vor. Ich sah praktisch durch den Fernseher hindurch. Ich war müde, sehr müde. Das ständige Auf und Ab, die Steigungen von mehr als 10 % und die Hitze waren gnadenlos hart gewesen.

In Gedanken sah ich mich schon bei meiner Familie.

28.
VON PORTOMARÍN NACH MELIDE

„Die Naturwissenschaft ohne Religion ist lahm, die Religion ohne Naturwissenschaft aber ist blind." (Einstein)

Ich versuchte, möglichst geräuschlos unser Sechs-Bett-Zimmer zu verlassen. Ich sah den Rapper, auch schon wach, eine Cola trinken. Während ich den Mond betrachtete, aß ich ein Twix, trank schnell einen Kaffee vom Automaten und nahm dann meine übliche Ibuprofen-Tablette. An jedem Morgen lief ich wie John Wayne, bis sie endlich Wirkung zeigte. Ganz langsam, geradezu vorsichtig, möglichst kaum die Sohlen belastend und breitbeinig schritt ich voran. Wir verließen Portomarín und passierten den Staudamm über eine Fußgängerbrücke. Eine kilometerlange

Steigung durch den Wald lag vor uns. Etwa zwanzig Minuten waren vergangen und ich konnte endlich wieder normal und schnellen Schrittes laufen. Die Zeit, um auf Autopilot zu schalten, war gekommen. Wir liefen wie ferngesteuert, automatisiert immer weiter.

Die heutige Etappe war unspektakulär, Gonzar, Hospital de la Cruz, Ventas de Narón, Ligonde und Airexe.

Alle Menschen, denen wir unterwegs begegneten, gingen nicht, sie rannten. Es war nervig. Massen an Pilgern, die meisten hatten gerade erst mit dem Camino begonnen und wollten nur Santiago erreichen. Es ging ihnen nicht um den Weg, sondern rein um das Ziel. Jedem das Seine, aber die Urkunde hatten sie in meinen Augen nicht verdient.

Wir philosophierten über verschiedene Movies und landeten bei Matrix, mit Keanu Reeves und Laurence Fishburne. Als ich den Film zum ersten Mal sah, war ich von der Idee total fasziniert. Vielleicht leben wir in einer ähnlichen Matrix. Natürlich nicht so komplex. In unserer Welt sind die Menschen nicht von intelligenten Maschinenwesen versklavt, sondern vom System, echten Nachrichten, alternativen Nachrichten, Blogs, verschiedenen Ansichten und Meinungen. Irgendeine Richtung muss man wählen. Aber die ganze Informationsflut ist gefiltert und somit werden uns unbewusst richtige und falsche Gedanken eingepflanzt.

Doof ist cool, Anonymität ist out, hirnlose Soap-Serien, Gewalt, Porno, Lesben, Homos und Transen … Massenverblödung als Entertainment getarnt. Social Networks sind zu einer Sucht geworden. Zwischenmenschliche Beziehungen sind ja schließlich uncool! Virtuelle Freunde dafür viel mehr in. Facebook, myspace, hi5, Google+, Twitter muss her. Digitalen Voyeurismus und Exhibitionismus braucht der Mensch. „Der Mensch ist eine Krankheit, das Geschwür dieses Planeten!", laut Matrix. Laut Verschwörungstheoretiker hat die Weltelite das Ziel, die Menschheit auf eine Milliarde herunterzubringen, und zwar mit allen Mitteln, eine Bevölkerungsdezimierung durch gezielte Sterilisation von Frauen und Männern, Krieg, Hungersnöte, Krankheiten, Seuchen und Impfungen.

Sollen wir die blaue Pille nehmen und die Geschichte wird gleich enden? Man wacht in seinem Bett auf und glaubt, was auch immer man glauben will. Oder man nimmt die rote Pille und erfährt die Wahrheit. Will man überhaupt die bittere Wahrheit erfahren? Lügen sind wie ein Schmierstoff der Kommunikation. Viele wollen die Wahrheit gar nicht hören. Man ist allein mit seinen Entscheidungen. Genau wie in Matrix: „Ich kann dir nur die Tür zeigen. Hindurchgehen musst du alleine."

Weiter ging es über Palas de Rei, dann San Xulián, Ponte Campaña, Casanova, Furelos und schließlich Melide. Mit 42,50 km war das eine der längsten Etappen. Ich freute mich über die Pulperias, in denen überwiegend Pulpo angeboten wird. Da die Albergue de Melide, eine staatliche, ziemlich voll war, wollte ich lieber in der O Apalpador, einer privaten Unterkunft, übernachten. Der Rapper entschied sich für die Melide.

Nach einer Stunde Wartezeit kam endlich die ersehnte Hospitalera und fragte mich:

„Haben Sie reserviert?"

„Reserviert?"

„Tut mir leid, aber ohne Reservierung kann ich nichts für Sie tun!"

Nun musste ich doch wieder zurück zur anderen Albergue und hoffte, noch ein Bett zu bekommen. Wieder wartete ich eine Zeit lang und hatte tatsächlich Glück, ein Bett war mein. Es ging ans Wäschewaschen. Leider erwartete mich auch hier eine Schlange. Erneut meinte es jemand gut mit mir. Eine Italienerin wollte gern ihre Maschine teilen und ich war sofort einverstanden. Entspannt ging ich duschen. Gemeinsam mit dem Rapper, wir hatten uns irgendwo getroffen, ging ich Pulpo essen. Er fand sie inzwischen auch köstlich. Anschließend im Supermarkt kaufte ich Proviant für den vermutlich letzten Tag. Auf dem Rückweg, kurz vor der Albergue, fand ich eine Bauchtasche mit einem iPhone 4S, 23 € und einem Tagebuch in Spanisch. Das Ganze gehörte bestimmt einer weiblichen Pilgerin. Ich übergab sie der Hospitalera. Sie hängte die Tasche in ihre Kabine, sodass sie für jeden Vorbeikommenden sichtbar war. Eigentlich hatte ich keine Hoffnung, dass das Fundstück seinem rechtmäßigen Besitzer zukommen würde, aber was hätte ich sonst tun sollen. Die Albergue war inzwischen komplett voll und platzte aus allen Nähten. Nachdem die Hospitalera das Haus gegen 21 Uhr verließ und die Tür hinter sich versperrte, erschienen weitere Pilger, die ins Haus wollten. Andere Pilger öffneten ihnen die Fenster und ließen sie herein. Da keine Betten mehr verfügbar waren, veranstalteten sie eine Party im Gang. Eine südkoreanische Gruppe war bestimmt reif für ein Krankenhaus, bei dem Alkoholkonsum. Ein paar Spanier, die im gleichen Raum übernachteten, prüften die Qualität der Tür, auf – zu, auf – zu, bis tief in die Nacht.

Erkenntnis des Tages:
„Gutes Benehmen kann man nicht erzwingen.
Geduld haben und nicht zu viel erwarten."

29.
VON MELIDE NACH
SANTIAGO DE COMPOSTELA

„Was wunderst du dich, dass deine Reisen dir nichts nützen, da du
dich selbst mit herumschleppst." (Sokrates)

Als ich gerade eingeschlafen war, weckte mich mein Smartphone. Ich war völlig erledigt.

Beim Verlassen der Albergue sah ich die Brusttasche nicht mehr in der Kabine und hoffte, dass sie am richtigen Ort war.

Der Camino führte den Rapper aus Orlando und mich weiter durch Boente und Castañeda nach Arzúa. Ich lief zum ersten Mal durch einen Eukalyptuswald und versuchte, den mir bekannten Duft wahrzunehmen, leider vergebens. Wir liefen weiter über

Salceda und Santa Irene, auf einer völlig überfüllten Pilgerautobahn, Menschenscharen, die sich gegenseitig überholten, und kamen dann nach Pedrouzo, wo wir Rast machten. Die Geräusche um uns herum versuchten wir, mit Blödeleien zu verdrängen, und die meiste Zeit summten wir Skylar Grey's Refrain aus dem Lied „Coming Home":

„I'm coming home, I'm coming home,
tell the world I'm coming home,
let the rain wash away all the pain of yesterday
I know my kingdom awaits, and they've forgiven my mistakes
I'm coming home, I'm coming home, tell the world I'm coming ..."

Unsere Wege trennten sich in Pedrouzo. Er wollte auf seinen italienischen Freund warten. So lief ich allein weiter und erreichte Monte do Gozo (Berg der Freude), auf dem ein Denkmal an den Papstbesuch im Jahr 1993 erinnert. Hier sah ich zum ersten Mal die Türme der Kathedrale von Santiago. Ich hatte immer gedacht, dass ich total beeindruckt wäre, emotional berührt, aber nichts dergleichen regte sich in mir. Auch beim Ortseingang in Santiago spürte ich nichts, ebenso vor und in der Kathedrale, zu der ich 50 Minuten brauchte. Dort befindet sich das Officina de Peregrinos (Pilgerbüro), der Ort, an dem alle Mühen mit einer Urkunde belohnt werden. Ich musste mich einreihen und warten, bis ich dran war. Viele glückliche Gesichter verließen das Büro mit der Compostela in der Hand. Als ich an der Reihe war, fragte mich eine ältere Australierin nach dem Grund meiner Pilgerschaft. Ich erzählte was über religiöse Einflüsse, auch wenn das kaum der Wahrheit entsprach. Anschließend schickte sie mich zu einem Schalter.

In einem Atemzug sprach eine junge Dame zu mir: „Ihren Pilgerpass bitte. Wie heißen Sie? Wo sind Sie geboren? Wo sind Sie gestartet? Ah, Sie sind heute aus Hotel Amenal gestartet ..."

„Nein, da habe ich nur die Mittagszeit verbracht. Ich bin in Melide gestartet."

„Sie waren aber lange unterwegs. Knapp 60 km! Da sind Sie sicher froh, dass es vorbei ist." Die Kilometer zwischen dem Ortsschild bis zum Pilgerbüro waren nicht inbegriffen.

„Oh, noch nicht."

„Ah, Sie wollen weiter bis Finisterre?"

„Das habe ich zumindest vor", sagte ich, war aber selbst nicht überzeugt.

„Herzlichen Glückwunsch! Sie haben es geschafft. Hier ist Ihre Compostela." Mit einem Lächeln überreichte sie mir das Dokument.

Jetzt hielt ich die Bestätigung in der Hand, schriftlich, sogar zusätzlich in Latein, mehr als 800 km in 27 Tagen. Ich verspürte keine Freude, geradezu nichts, fühlte mich irgendwie leer.

Nachdem ich das Pilgerbüro verlassen hatte, mischte ich mich zwischen die anderen tausend Pilger und Touristen. Auf den Straßen erklang ein Hupkonzert, Oldtimer aus ganz Spanien waren versammelt. Mit der Kamera in einer Hand und dem Straßenplan in der anderen, suchte ich nach einer Übernachtungsmöglichkeit. In der Altstadt fand ich das Hotel Real. Das Zimmer war klein, aber sauber und komfortabel. Ich hatte sogar einen kleinen Balkon mit schöner Aussicht auf die Fußgängerzone und die wundervollen Dächer von Santiago. Mich trennten nur ein paar Schritte von der Kathedrale, den Restaurants und Einkaufsmöglichkeiten. Hunger hatte ich längst wieder und so suchte ich mir ein Restaurant, in dem ich Pulpo a feira, gekochte Krake mit etwas Olivenöl und Paprikapulver, veredelt mit Maldon-Salz (pyramidenförmige Struktur, ausgezeichnet im Geschmack), bekommen würde. Ich aß sie mit Patatas bravas (gewürfelte Pommes), was für ein Genuss. Gesättigt lief ich durch die verschiedenen Gassen Santiagos und filmte alles, was ich imposant, erwähnenswert, interessant oder originell fand.

In Gedanken plante ich meine Rückfahrt, bereits entschlossen, direkt heimzukehren, als plötzlich eine Möwe vor mir landete, mich kurzzeitig betrachtete und dann kreischend davonflog. In Santiago Möwen? Das Meer oder in diesem Falle der Ozean lag nicht mehr weit entfernt. Für mich war diese Möwe ohne Zweifel ein Zeichen. Sie symbolisierte das Meer und bedeutete für mich somit Urlaub, denn diesen verbringe ich gerne am Strand. Wäre die Möwe unserer Sprache mächtig gewesen, so hätte sie mir sicher gesagt, dass ich nicht aufgeben und wie geplant bis ans Ende der Welt gehen solle.

Am Abend gab es in der gesamten Stadt Shows, Straßenmusikanten und Zauberer. Bereits um 22:30 Uhr ging ich ins Hotel schlafen, ich wollte auch am nächsten Morgen früh aufstehen, um am Flughafen einen Flug nach Bergamo zu buchen.

DER ZWEITE TAG IN
SANTIAGO DE COMPOSTELA

Dank der Erklärungen der Rezeptionistin fand ich die passende Bushaltestelle auf direktem Wege. Ich war ewig mit dem Bus unterwegs. Kaum zu glauben, dass ich am Tag zuvor dieselbe Strecke zu Fuß bewältigt hatte. Am Flughafen brauchte ich nicht einmal zwanzig Minuten. Da ich mich in Spanien befand, begab ich mich zuerst zur Iberia, die verlangten tatsächlich völlig überteuerte 1.300 € bis Wien. Meine Kinnladen klappten hinunter.

„Ich will nach Wien und nicht nach Tokyo."

„Hin und retour buchen wäre viel günstiger", empfahl mir ein Angestellter.

Bei Ryanair erklärten mir zwei Damen, dass ich völlig umsonst am Flughafen sei, man könne nur online buchen. Also kehrte ich zurück zum Hotel und buchte mein Ticket für die nächste Woche. Ich suchte zudem nach passenden Zügen, die mich von Bergamo in die Heimat bringen würden. In der Nacht gab es keine Möglichkeit zur Weiterreise, stellte ich mit Bedauern fest, und somit suchte ich nach einer Unterkunft. Eine Italienerin gab mir die Telefonnummer eines Padres (Pastor) in Bergamo. Als ich ihn anrief, bot er mir an, mich um 23:30 Uhr am Flughafen abzuholen, und reservierte mir ein Bett in seiner Casa del Giovane (Jugendherberge).

Nach Erledigung des Anrufes ging ich zur Kathedrale und machte meinen obligatorischen Rundgang. Das Glorientor, eine Säule, auf die Pilger traditionsgemäß ihre Hand legen und dadurch ihren Abdruck hinterlassen, war hinter einem Gitter versperrt. Ein paar katholische Mönche wurden von der Security fast rausgeschmissen, weil sie versuchten, über die Absperrung zu klettern. Als ich allein in dem Bereich war, schloss ich meine Augen, streckte meine Hand durch das Gitter Richtung Säule und spürte ein Kribbeln, das sich im ganzen Körper wärmend ausbreitete. Mir standen die Haare zu Berge. So etwas hatte ich noch nie erlebt und konnte es kaum glauben. „Das gibt's doch gar nicht", flüsterte ich vor mich hin. War das echt oder hatte ich es mir nur eingebildet?

Noch in Gedanken versunken sah ich, wie sich die Kathedrale langsam füllte. Kurz vor Beginn kam eine ganze Schar von Priestern, die ihren Platz im Chor einnahmen, ein abgetrennter Bereich, der dem Gebet und Gesang der Domherren vorbehalten ist. Beim Vorbeigehen gratulierte mir einer von ihnen. Ich stellte überrascht, aber erfreut fest, dass es mein französischer Priester war. Was für ein Tag.

Die Securities waren überfordert, Pilger schliefen einfach auf dem Boden und sie wussten nicht, was sie mit ihnen machen sollten.

Im Vergleich mit den Kathedralen von Burgos und León begeisterte mich diese nicht besonders.

Ein wolkenloser Himmel mit strahlendem Sonnenschein erwartete mich draußen. Entspannt spazierte ich durch die Gassen, genoss die Wärme der Sonne, die Ruhe mit mir selbst. Es war später Nachmittag, als ich jemanden „Flores" rufen hörte.

Da ich allein war, drehte ich mich um, sah aber niemanden. Weitere zwei Male erklang der Ruf. Ich lief durch Bögen, die meine Sicht behinderten. Wieder schaute ich umher und sah auf der gegenüberliegenden Straßenseite drei Koreaner auf einer Terrasse sitzen. ‚Wo zum Henker ist Flores? Ich bin doch der Einzige hier‘, ging mir durch den Kopf. Nun hörte ich ganz deutlich meinen Namen. Ich lief weiter und sah in die Richtung, dabei entdeckte ich den Italiener und dann auch den Rapper aus Orlando an einem Tisch mit den Koreanern. Unser Wiedersehen war toll, freudig schlossen wir uns in die Arme. Keiner von uns hatte damit gerechnet, den anderen noch einmal zu sehen. Zu sechst suchten wir ein Restaurant auf, aßen zu Abend. Laut einer Tradition musste man anschließend von Bar zu Bar ziehen, um je ein Bier zu trinken. 22:30 Uhr, gleich im ersten Lokal, verabschiedete ich mich. Ich war nicht nur doppelt so alt wie diese Jungs, sondern musste am nächsten Morgen wieder früh raus. Die Reise war noch nicht zu Ende, mich erwartete Finisterre.

Erkenntnis des Tages:
„Niemals aufgeben!“

30.
VON SANTIAGO DE COMPOSTELA
NACH VILASERIO

„Man soll weder annehmen noch besitzen, was man nicht wirklich
zum Leben braucht. Jeder, der entbehrliche Nahrung, Kleidung oder
Möbelstücke besitzt, verstößt gegen dieses Gebot. Zum Beispiel darf
man keinen Stuhl behalten, wenn man ihn nicht braucht. Die Ein-
haltung dieses Gebots führt zu immer größerer Vereinfachung des
eigenen Lebens." (Gandhi)

Der Weg in die Stadt war mir leichter gefallen als der hinaus.
Drei Taxifahrer musste ich anhalten, bis ich endlich den richti-
gen Ortsausgang fand. Alle drei zeigten automatisch Richtung
Kathedrale, bevor ich meine Frage überhaupt stellen konnte.

Irgendwo am Rande der Stadt, auf einer Anhöhe, blickte ich noch einmal zurück. Im Mondlicht ragte die Kathedrale aus der scheinbar schlafenden Stadt heraus.

Bis zum Dorf Carballal lief ich ab und an durch Eukalyptuswälder. Vor mir sah ich kurz eine Bewegung. Die Taschenlampe nützte nichts mehr, es war weder hell noch dunkel. Dann sah ich es wieder, eine Gestalt mit weißen Haaren. Das konnte nur eine ältere Person sein, die allerdings zu dieser Uhrzeit sehr flink unterwegs war. Sie entpuppte sich als eine junge Frau mit hellblonden Haaren. Da hatte ich mich voll verschätzt. Ich näherte mich ihr von hinten und machte mit meinem Wanderstock absichtlich Lärm. Irgendwann drehte sie sich um, sah mich und fing an, zu schreien. Vor Schreck zuckte auch ich heftig zusammen und ließ meinen Stock fast fallen. Eine stramme und kräftige Niederländerin durchbohrte mich mit einem eiskalten Blick.

„Es tut mir wirklich sehr leid, dass ich dich so erschreckt habe. Ich hatte mich extra bemerkbar gemacht."

„Schon gut. Ich habe dir doch auch einen Schrecken eingejagt, nicht wahr? Seit Santiago bin ich keiner Seele mehr begegnet und dachte, die einzige Verrückte zu sein."

Ich erblickte erstaunt ihren Mini-Rucksack, nicht größer als der meiner 3-jährigen Tochter.

„Hast du deine Sachen in Santiago gelassen?"

„Welche Sachen?"

„Erzähl mir nicht, dass du nur mit so einem kleinen Rucksack unterwegs bist. Oder hast du deinen Camino in Santiago gestartet?"

„Weder noch! In Saint-Jean-Pied-de-Port bin ich mit einem Sechs-Kilo-Rucksack gestartet, jetzt ist er leichter."

Das erinnerte mich an ein Zitat von Mahatma Gandhi, sich auf das Wesentliche zu beschränken, was man wirklich braucht. Wenn ich die Niederländerin betrachtete, war das eindeutig machbar. Ich trug viel zu viel unnötigen Ballast mit mir herum, Dinge, die auf dem ganzen Camino bisher kaum oder gar keine Verwendung gefunden hatten. Jetzt konnte ich nicht darauf verzichten, alles hatte jede Menge Geld gekostet und vielleicht würde ich irgendwann mal Gebrauch davon machen.

Wir liefen durch einen dichten Nebel und ich machte mir Sorgen, dass wir uns verirren könnten. Mehrere Horror-Szenarien liefen vor meinem geistigen Auge ab.

Die steinerne Brücke bei Ponto Maceira, im gotischen Baustil des 14. Jh. entstanden, ließ mich innehalten zum Filmen.

Vier spanische junge Frauen schlossen sich uns für eine Weile an. Eine von ihnen wollte nach dem Sommer als Austauschstudentin in Amsterdam leben. Sie nahm die Ratschläge und Insider-Infos meiner Begleitung mit Begeisterung auf.

Die ersten 23 Kilometer bis Negreira klagte die Niederländerin immer wieder über Knieschmerzen und hinterfragte so ihre Entscheidung, bis nach Finisterre zu laufen. Ich erzählte ihr, dass meine beiden Knie rundumerneuert seien, ich trotzdem auf elastische Bandagen verzichte, bereits ein paar hundert Kilometer hinter mir habe und immer noch laufe. Ich gab ihr meine Kniebandagen, die ihr gut taten. Zumindest verlor sie von da an kein Wort mehr darüber. Vielleicht hatte ich sie auch einfach eingeschüchtert?

Die nächsten 13,3 km liefen wir teilweise über steile und geschotterte Waldwege. Um 16:30 Uhr, gleich bei der ersten Albergue O Rueiro, machten wir halt. Bis dahin beschäftigte mich nur eine Sache. Wie konnte ich den Verlust von mehreren Stunden begründen? Meine Etappenziele hatte ich bisher zwischen 11:00 und 12:30 erreicht. Heute hatten wir kaum Pausen unterwegs gemacht, die längste dauerte fünf Minuten. Trotzdem fehlten vier Stunden. War das auf den seltsamen Nebel zurückzuführen?

In der gesamten Albergue waren wir nur zu fünft. Nachdem ich meine Sachen zum Waschen übergab, duschte ich und bereitete mir mit einem großen Bier eine schöne Siesta.

Am Abend im Restaurant waren noch drei weitere Personen dazu gekommen, ein Niederländer mit seinen zwei Kindern im Teenageralter. Ich ging sehr früh zu Bett. Im Kopf schwirrte mir der unheimliche Nebel.

Erkenntnis des Tages:
„Obwohl ich den Weg durch den Nebel nicht sehe, weiß ich, dass er da ist!"

31.
VON VILASERIO NACH CEE
(A CORUÑA)

„Wenn man schnell vorankommen will, muss man allein gehen.
Wenn man weit kommen will, muss man zusammen gehen."
(Aborigines)

Ich wollte kein Risiko eingehen und verließ die Albergue schon um 5:00 Uhr. Seit Santiago spürte man am Morgen die Kälte. Den ganzen Camino brauchte ich nie ein langärmeliges Shirt und verzichtete auch jetzt darauf. Stattdessen bewegte ich mich umso schneller.

Über verschiedene Landstraßen erreichte ich Olveira. Schon von Weitem leuchtete ein gelber Pfeil, der auf eine Teerstraße wies und später in eine Landstraße mündete. An einem Kreisverkehr angekommen, sah ich weder gelbe Pfeile noch Muscheln und entschied mich, parallel der Landstraße den Straßenschildern nach Cee zu folgen.

Menschen warteten am Straßenrand, um abgeholt zu werden. Arbeiter vermutlich. Ich fragte sie immer wieder nach dem Camino. Alle zeigten in meine Laufrichtung. Also befand ich mich auf dem richtigen Weg und war ein wenig erleichtert. Kurz vor 9:00, weiterhin keine Zeichen in Sicht, sah ich auf der gegenüberliegenden Straßenseite einen älteren Herrn, der gerade eine Zeitung aus seinem Briefkasten holte. Von Weitem fragte ich ihn nach dem Weg und auch er bestätigte die vorangegangenen Aussagen. Diesmal gab ich mich nicht zufrieden. Verunsichert, nach so langer Zeit ohne erkennbaren Camino zu laufen, begab ich mich zu ihm auf die andere Straßenseite.

„Verzeihung, Sie sagten, dass ich in die richtige Richtung laufe."

„Si …"

„Warum sehe ich dann keine Pilger?"

„Es gibt noch einen Weg, aber der ist weiter weg."

„Aber dieser hier ist für Autos und nicht für Fußgänger."

„Wenn du der Straße folgst, kommst du an die richtige Stelle."

„Wo verläuft denn der richtige Camino?"

„Entweder gehen Sie 7 km zurück und biegen dann rechts ab und dort fragen Sie weiter, oder Sie laufen geradeaus weiter und nach 1,5 km begeben Sie sich nach links. Auch dort können Sie dann weiter nach dem Weg fragen."

Ich bedankte mich und lief geradeaus. Irgendwann bog ich links ab und nach einer Stunde traf ich auf drei ältere Frauen:

„Sie sind schon richtig. Noch 6 km weiter und bei der nächsten Kreuzung laufen Sie wieder links."

Innerlich war ich kurz vor einer Explosion. Ich lief und lief, richtig oder falsch, und dazu kam erneut der Nebel. Von der malerischen Landschaft bekam ich nicht mehr viel mit. Eine weitere Stunde verstrich und in der Ferne sah ich Menschen, die die Straße überquerten.

„Bitte lass es Pilger sein …", sprach ich zu mir selbst. Zu wem auch sonst? Als ich näher kam, traten drei Frauen aus dem Wald und liefen über die Straße. Sie trugen Rucksäcke. Es waren Pilger. Endlich war ich wieder auf dem richtigen Weg.

Ein paar Häuser erschienen und eine Bar mit einer Terrasse. An einem Tisch saß jemand beim Frühstücken. Es war mittlerweile 11:00 Uhr. Ich erkannte sie sofort an ihrem langen rosa T-Shirt, welches auch als Kleid fungieren könnte, rosa Leggings, neongrüne kurze Weste, rosa Rucksack – die Niederländerin. Als sie mich sah, verschlug es ihr die Sprache. Eine Bushaltestelle und ein Werbeschild von einem Taxiunternehmen fielen in mein Blickfeld, als ich mich zu ihr setzte. Laut dachte ich nach:

„Ich habe jetzt zwei Möglichkeiten. Entweder nehme ich den Bus bis Finisterre oder ein Taxi. Ich habe echt genug!"

„Wann hast du dich am Morgen herausgeschlichen, vor 5:00 oder vor 6:00 Uhr?"

„Fuck, fuck, fuck! Kurz vor 5:00! Sechs volle Stunden bin ich umhergeirrt, und dazwischen wieder dieser verdammte Nebel! Es ist wie in einem Horrorfilm, kein Entkommen!"

„Nein, keinen Bus oder Taxi! Wir werden gemeinsam laufen. Komm jetzt, wir haben nicht mehr weit! Gestern hast du mich aufgemuntert. Jetzt bin ich dran."

Es kam mir vor wie ein Fluch. Ich wollte nicht mit ihr gehen und nun liefen wir doch eine weitere Etappe gemeinsam. Irgendwo in einer Campinganlage kurz vor Logoso machten wir unsere Mittagspause. Die Niederländerin klagte wieder über starke Knieschmerzen und meinte: „Ich will dich nicht enttäuschen, aber ich kann dich nicht weiter begleiten. Was soll ich sonst machen?"

„Du kannst meine Kniebandagen haben. Schmerzmittel willst du nicht? Ich kann dir Voltaren in Gel-Form oder als Tablette anbieten."

„Ich komme erstmal mit bis zur nächsten Apotheke."

„Dort werden sie dir auch nichts anderes sagen. Erst geben sie dir eine Bandage, dann Voltaren und am Ende Ibuprofen."

„Die sind aber studierte Apotheker und werden mir helfen können."

Irgendwann auf dem Weg erschien die ersehnte Apotheke.

Ich wartete draußen. Als die Niederländerin zurückkam, sagte sie nur: „Sorry, du hast vollkommen Recht gehabt. Ich weiß nicht, was ich erwartet hatte …"

Ich grinste: „Als Stammkunde der spanischen Apotheken musste ich das wohl wissen."

Bis Hospital de Logoso wurde der Himmel dunkler. Wir sahen eine Hochofenfabrik und beschuldigten diese für den Umstand. Nachdem wir die asphaltierte Straße verließen, liefen wir über eine Hügellandschaft mit wunderschönen Sträuchern.

Ich fiel zurück und nutzte die Pflanzen, um meine Blase zu erleichtern.

Weiter vorne rief die Niederländerin:

„Schau nicht zu mir, schau auf deine Füße, bis du bei mir bist. Ich möchte dich mit etwas überraschen!"

Als ich sie erreichte, kam sie seitlich hinter mich und hielt mir die Augen zu.

„So, jetzt langsam vorwärts gehen … vorsichtig. Nun kommt ein kleiner Hügel … so und jetzt Augen auf. Schau in die Ferne!"

Ich sah den Ozean und wurde von meinen Gefühlen überwältigt. Eine Träne lief mir über das Gesicht. Das war wie ein Orgasmus für die Seele. Der erwartete Wow-Effekt, den ich in Santiago erwartet hatte, kam hier in vollen Zügen. Augenblicklich fing ich an zu summen:

„I'm coming home, I'm coming home,
tell the world I'm coming home,
let the rain wash away all the pain of yesterday
I know my kingdom awaits and they've forgiven my mistakes
I'm coming home, I'm coming home, tell the world I'm coming …"

Alles war wie im Lied vom Regen weggewischt. Der Schmerz, die Strapazen, einfach alles. Der Camino hat eine ganz eigene Bedeutung. Die Uhren ticken einfach anders. Ein Außenstehender würde das nicht verstehen. Ich hatte es bis dahin auch nicht verstanden. Heute bin ich nicht offen, aber viel offener. Hätte ich, die heutige September-Version von mir, die Juni-Version getroffen, hätte die Juni-Version zur September-Version gesagt: „Hör doch auf mit dem Bullshit, du Homo!"

1½ Stunden später checkten wir in der Albergue O'Bordon ein. Ein spanisches Paar war auch vor Ort, aber das waren alle Pilger. Am Abend gingen wir zum nächstgelegenen Restaurant und ich bestellte natürlich Pulpo a feira mit Patatas bravas. Wir tranken eine Flasche Wein zur Feier des Tages.

Das Ziel war so verdammt nah und trotzdem so fern.

Erkenntnis des Tages:
„Wunder lassen sich nicht erzwingen."

32.
VON CEE NACH FISTERRA (0,00 KM)

„Ich will bis ans Ende der Welt laufen!"

Entsprechend dieser Aussage bin ich topmotiviert um 4:30 aufgewacht, noch bevor der Wecker losging. Ich wusste: Es ist das letzte Mal, der letzte Tag, um fürs Pilgern früh aufzustehen.

Die 2,4 km bis Corcubión sind wir fast geflogen, so schnell und leichtfüßig kamen wir voran. Ein leichter Nieselregen setzte ein, es war dunkel und ziemlich kühl. Das erste Mal, dass ich meine Regenjacke brauchte.

In Estorde sah ich den Strand und wie ferngesteuert bin ich mit dem Camcorder in der Hand Richtung Atlantik gegangen. Der Regen nahm zu und ich schützte meinen Camcorder so gut wie möglich mit der Jacke vor der Nässe. Ein paar Möwen, die am Strand waren, fühlten sich bedroht und flogen davon. Die Temperatur sank weiter, in Strömen ergoss sich der Himmel und die Wellen am Ufer erfassten meine Schuhe. Ich hatte schon häufiger ein Bad im Atlantik genommen und wusste, dass es kalt sein konnte. Mein Vorhaben, baden zu gehen, war bei diesem Wetter unmöglich. Meine Füße waren wund und andere Komplikationen konnte ich mir nicht erlauben. Langsam ging ich zurück zur Promenade. Die Niederländerin wartete auf mich.

Ich konnte nicht begreifen, wie es plötzlich so kalt sein konnte. Fast mein gesamter Camino war mit wolkenfreiem Himmel gesegnet, sehr heiß und kein Regen. Ich kam mir vor, als würde mir jemand gezielt Hindernisse in den Weg legen, um mich ein letztes Mal herauszufordern. Aber nicht mit mir. Ich würde mich bis zum Ziel durchbeißen, falls nötig.

Wir gingen in eine Bar, bestellten Kaffee und Kuchen und hofften, dass der Regen aufhören würde, bis wir fertig seien. Dem war nicht so. Mit Plastiksack auf dem Kopf ging ich weiter.

Auf der 2,2 km langen Uferpromenade alberten wir herum und sprachen mit französischem Akzent. Aus einem Wohnwagen kam ein Franzose auf uns zu und fragte uns tatsächlich, von wo aus Frankreich wir kommen würden. Wir fingen an, zu lachen. Er hätte gewettet, dass wir Franzosen sind.

Schon waren wir in Finisterre. Das Pilgerbüro, das sich in der Albergue de Peregrinos de Fisterra befand, öffnete erst um 14:00 Uhr. Wir hatten also Zeit genug, der Regen hatte inzwischen aufgehört. Ich gab meinen Rucksack in einem Restaurant ab, für eine Schutzgebühr von 1 €.

Ohne Ballast besuchten wir erst die romanische La Iglesia de Santa María das Areas und kamen so unserem Ziel, dem Kap Finisterre mit dem Leuchtturm, immer näher. Die Reliefs und Malereien in der Kirche sollten an Schiffbrüchige an der Costa da Morte (galicisch; span. Costa de la Muerte, „Todesküste") erinnern. Als wir die Kirche verließen, kam Nebel auf. Schon wieder.

Nach 2,7 km erreichten wir den 17 m hohen Leuchtturm, der 1853 erbaut wurde. Regen setzte ein und trotz starkem Wind verdichtete sich der Nebel weiter. Die Sicht beschränkte sich auf maximal sechs Meter. Noch dazu war der Leuchtturm geschlossen. Eine Tradition, die bis ins Mittelalter zurückreicht, besagt, zuerst ein Bad im Ozean zu nehmen, dann Teile der Kleidung (die man auf der Wanderung getragen hatte) unterhalb des Leuchtturms zu verbrennen, den Sonnenuntergang zu betrachten, um dann am nächsten Tag als neuer Mensch zu erwachen. Ich konnte weder Baden noch meine Sachen verbrennen. Über einen Sonnenuntergang hätte ich mich höchstens oberhalb der Wolkendecke erfreuen können. Ich versuchte, meinen Wanderstock zu verbrennen, und als ich das nicht schaffte, warf ich ihn in den Ozean.

Vor Ort gab es nicht viel Sehenswertes, die üblichen Stände mit Souvenirs, wie Minileuchttürme, Muscheln und Seepferdchen. Langsam begaben wir uns zurück Richtung Altstadt. Das Pilgerbüro hatte inzwischen geöffnet. Ich musste nicht lange warten, nur ein Pilger war vor mir. Er strahlte, als er die Fisterrana (die Urkunde) in den Händen hielt. Draußen warteten ein Pferd und ein Hund auf ihn.

Die Niederländerin entschied sich, hier zu übernachten. Bevor ich weiterzog, gingen wir gemeinsam etwas essen und anschließend machten wir einen Spaziergang rund um den Hafen. Danach holte ich meinen Rucksack, verabschiedete mich von meiner letzten Begleiterin und nahm den gleichen Weg wie zuvor, über Cee und Vilaserio, zurück nach Santiago.

Letzte Erkenntnis:
„Der Camino de Santiago endete hier …
Mein Camino fängt aber erst an!"

33.
VON BERGAMO NACH FELDKIRCH
ICH SAH DAS ENDE DER WELT!

Ich dachte, dass mein Flug erst gegen 22:10 Uhr ginge und ich somit noch jede Menge Zeit hätte, gemütlich etwas zu essen und Souvenirs zu kaufen. Als ich so nebenbei und nur um mich zu vergewissern einen Blick auf meine Buchungsbestätigung warf, stellte ich mit Entsetzen fest, dass ich mich völlig irrte. Mein Flug sollte bereits um 20.15 Uhr starten. Spontan und in Eile stoppte ich das nächste Taxi, welches mich mit Höchstgeschwindigkeit zum Flughafen brachte. Um genau 19:45 Uhr stand ich vor dem Check-in.

„Ihre Boarding Card bitte!"

„Hier ist mein Pass, ich habe online gebucht …"

„Sie haben aber keine Boarding Card!", sagte mir die Dame,

die aus Stein zu sein schien, kalt und unfreundlich.

„Wo krieg ich dann eine?"

„Sie kriegen heute keine mehr! In einer Woche wieder."

„Das geht nicht! Ich muss unbedingt diesen Flug erwischen …"

„Sie hätten vor drei Stunden hier sein müssen …"

„… das habe ich aber nicht gewusst …"

„Schauen Sie, das steht hier auf Ihrer Buchungsbestätigung: Zum Einchecken bitte drei Stunden vor dem Flug …"

„Biiitte, was soll ich denn jetzt machen?"

„Sie könnten 64 Euro Strafe an dem Schalter gegenüber zahlen, einzige Möglichkeit."

Mit meiner Unachtsamkeit hatte ich doch tatsächlich 134 Euro verloren, 64 Euro Strafe plus die 70 Euro für die rasante Taxifahrt. Lesen bildet anscheinend. Bei Büchern stimme ich dem zu, aber Buchungsbestätigungen?

Später setzte ich mich kleinlaut in die total unübersichtliche Schlange und fragte mich, wie all diese vielen Menschen in dem Flugzeug Platz haben sollten. Nach nur 15 Minuten erklang eine Stimme aus den Lautsprechern und sagte in mehreren Sprachen, dass sich der Flug aus technischen Gründen um 1½ Stunden verspäten würde.

Ich hätte schreien können, schreien, schreien und nochmals schreien.

Seit dem Nachmittag, meinem sogenannten Frühstück, hatte ich nichts mehr gegessen. Wasser hatte ich längst keines mehr. Nun hätte ich doch genügend Zeit gehabt für eine Stärkung, konnte hier aber nicht weg.

Mit Verspätung flog ich dann endlich von Santiago nach Bergamo in Italien. Eine junge italienische Lehrerin und ich wurden dort von einem Priester erwartet, der uns zwei Betten in seinem Casa del Giovane, einer Art Jugendherberge für Studenten, angeboten hatte.

Erst am nächsten Morgen gab es in der Mensa endlich wieder etwas zu essen. Die ganze Nacht plagte mich der Hunger und ließ mich kaum zur Ruhe kommen.

Am Bahnhof frühstückte ich ein zweites Mal und kaufte mir Proviant für den Weg zurück nach Österreich.

Nach ca. neun Stunden und dreimal Umsteigen, in Brescia, Verona und Innsbruck, war ich endlich in Feldkirch angekommen. Der Rückweg kam mir vor wie eine Weltreise.

Meine Frau erwartete mich bereits. Sie lachte, als sie mich sah.

„Von Weitem siehst du aus wie Tom Hanks in Outcast …", rief sie. Na ja, mit 6 kg weniger und einem Vollbart konnte ich ihr das nicht verdenken.

EPILOG

Ich konnte mir lange nicht erklären, was das Besondere am Jakobsweg und rund um die Pilgerschaft generell war.

Warum sich viele Leute quälen und die Strapazen des langen Fußmarsches auf sich nehmen.

Ich hatte dadurch die Möglichkeit, einen Monat Abstand von den alltäglichen Dingen zu bekommen.

Die Dinge, die die meisten von uns als selbstverständlich ansehen und dabei nicht merken, wie wunderbar einzigartig sie sind.

Es war wie in Coelhos orientalischem Märchen „Der Alchimist". Sein junger Schäfer Santiago reiste bis nach Ägypten, um zu erkennen, dass der Schatz, den er suchte, direkt vor ihm lag.

Ich musste erst nach Spanien reisen, das Land durchqueren, 1.000 km laufen (bis Kap Finisterre und zurück bis Santiago), um zu erkennen, dass der Mensch oder besser gesagt der menschliche Körper selbst das größte aller Wunder ist, mit all seinen Fähigkeiten, zu sehen, zu hören, berühren zu können, zu fühlen, zu schmecken, zu lachen und zu lieben.

Und um zu realisieren, dass das Wichtigste direkt vor meiner Nase lag, meine Frau und meine zwei wunderbaren Kinder.

Der Camino de Santiago endete für mich in Finisterre.

Mein Camino fängt aber erst jetzt an!